Impressum

Titel: Portfoliomappe Berufsfindung
Arbeitsmaterialien zur Selbsteinschätzung

Autoren: Peter H. Ebner, Sabine Fritz

Coverfoto: © daniel.schoenen/PHOTOCASE.COM

Druck: Druckerei Uwe Nolte, Iserlohn

Verlag: Verlag an der Ruhr
Alexanderstraße 54 – 45472 Mülheim an der Ruhr
Postfach 10 22 51 – 45422 Mülheim an der Ruhr
Tel.: 02 08/43 95 4 50 – Fax: 02 08/43 95 42 39
E-Mail: info@verlagruhr.de
www.verlagruhr.de

© **Verlag an der Ruhr 2008**
ISBN 978-3-8346-0409-5

geeignet für die Altersstufe

Die Schreibweise der Texte folgt der neuesten Fassung der Rechtschreibregeln – gültig seit August 2006.

Gedruckt auf chlorfrei gebleichtes Papier.

Wir sind seit 2008 ein ÖKOPROFIT®-Betrieb und setzen uns damit aktiv für den Umweltschutz ein. Das ÖKOPROFIT®-Projekt unterstützt Betriebe dabei, die Umwelt durch nachhaltiges Wirtschaften zu entlasten und Kosten zu senken.

Alle Vervielfältigungsrechte außerhalb der durch die Gesetzgebung eng gesteckten Grenzen (z.B. für das Fotokopieren) liegen beim Verlag. Der Verlag untersagt ausdrücklich das Speichern und Zur-Verfügung-Stellen dieses Buches oder einzelner Teile davon im Intranet, Internet oder sonstigen elektronischen Medien.
Kein Verleih.

Inhalt

7 — Einleitung

    7 —— Vom Traum zum Beruf
    9 —— Das Kompetenzportfolio
    11 —— Bevor es losgeht ...
    12 —— Regeln zur Teamarbeit
    13 —— Meine Fähigkeiten
    20 —— Stationenplan für Lehrkräfte
    25 —— Stationenplan für Jugendliche

31 — Stationen

    32 —— Bildliches Vorstellungsvermögen
    35 —— Genauigkeit
    39 —— Geruchs- und Geschmackssinn
    43 —— Tastsinn
    45 —— Hörwahrnehmung
    48 —— Konzentrationsfähigkeit
    56 —— Kreative Fähigkeiten
    63 —— Logisches Denken
    71 —— Merkfähigkeit
    80 —— Auge-Hand-Koordination
    86 —— Problemlösen
    92 —— Räumliches Vorstellungsvermögen
    96 —— Mathematisches Denken
    100 —— Mündliche Ausdrucksfähigkeit
    104 —— Sprachverständnis
    112 —— Technisches Verständnis
    118 —— Teamfähigkeit
    121 —— Kommunikationsfähigkeit
    130 —— Empathiefähigkeit
    134 —— Kritikfähigkeit
    137 —— Zuverlässigkeit
    141 —— Konfliktfähigkeit

145 — Anhang – Auswertung der Stationenarbeit

    146 —— Mit Kompetenz zum Beruf
    148 —— Das Haus meiner Fähigkeiten
    149 —— Prozent–Punktetabelle
    151 —— Fähigkeiten – Berufsfelder – Berufe
    161 —— Trainingstipps

166 — Link- und Literaturtipps

Vom Traum zum Beruf

Am Ende der Schulzeit stehen junge Menschen vor der ersten Entscheidung, die sie wirklich selbstständig treffen müssen. Durch die sich permanent verändernde Arbeitswelt ist die Berufswahlentscheidung zunehmend komplexer geworden. Orientierungskompetenz ist gefragt. Dazu müssen Jugendliche ihre Fähigkeiten und Potenziale kennen, sich ihrer Wünsche und Ziele bewusst sein und diese mit den Möglichkeiten und Anforderungen der Berufswelt in Übereinstimmung bringen.

Die Maßnahmen, mit denen sich Jugendliche auf diese Entscheidung vorbereiten, sind vielfältig: Erleben und Wahrnehmen der eigenen Persönlichkeit, Erkundung eigener Berufswünsche und Lebensvorstellungen, Beratungsgespräche und Praktika.

Berufswahlorientierung findet im Elternhaus, in Peer-Groups, in der Schule und gelegentlich bei der Ausübung von Ferienjobs statt. Die Portfoliomappe Berufsfindung will Jugendlichen über die **Selbsteinschätzung eigener Fähigkeiten und Stärken** die Berufswahlorientierung erleichtern. Der Einsatz der Portfoliomappe in Form eines Stationenbetriebes bietet sich besonders im Rahmen von Projekttagen oder Berufsinformationstagen. Die Visualisierung der Ergebnisse im **Haus meiner Fähigkeiten** ermöglicht den Jugendlichen einen klaren **Überblick über persönliche Stärken und Schwächen.** Mit Hilfe dieses **Stärkeprofils** setzen sich die Jugendlichen mit den Anforderungen verschiedener Berufsfelder auseinander, um auf diesem Weg zu einer Berufswahlentscheidung zu kommen. In einem **begleitenden Kompetenzportfolio** sammeln die Jugendlichen ihre Arbeitsergebnisse, dokumentieren ihren individuellen Lernfortschritt und weisen ihre besonderen Stärken nach.

Fragen und Antworten

Die Portfoliomappe hilft den Jugendlichen, eigenverantwortlich Antworten auf folgende Fragen zu finden:

- Was steckt hinter Begriffen wie zum Beispiel Kreativität, technisches Verständnis, logisches Denken, Teamfähigkeit?
- Welche dieser Fähigkeiten besitze ich? Welche dieser Fähigkeiten sind bei mir besonders stark oder schwach ausgebildet?
- Welche dieser Stärken und Fähigkeiten möchte ich in meinem Arbeitsleben umsetzen?
- In welchen Berufen kann ich diese Fähigkeiten einsetzen?
- An welchen Fähigkeiten muss ich noch arbeiten?
- Für welche Berufe bin ich auf Grund meiner Stärken besonders gut geeignet?
- Wie kann ich meine Fähigkeiten und Stärken möglichst gut nachweisen?

Ziele der Portfoliomappe

Junge Menschen, die im Berufswahlprozess stehen,

- erfahren ihre persönlichen Stärken und Fähigkeiten im Erleben und praktischen Handeln,
- verstehen die Bedeutung von Begriffen, die einzelne Fähigkeiten beschreiben,
- können eigene Leistungen einschätzen und bewerten,
- objektivieren ihre Selbsteinschätzung auf der Grundlage der Ergebnisse des Stationenbetriebes und des Feedbacks von Partnern,

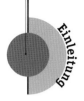

Vom Traum zum Beruf

- werden ermutigt, Fähigkeiten weiterzuentwickeln bzw. Lücken zu schließen,
- setzen sich mit den Anforderungen verschiedener Berufsbilder auseinander,
- können Verbindungen herstellen zwischen eigenen Fähigkeiten und Anforderungen in unterschiedlichen Berufen,
- werden angeregt, sich mit weiterführenden Informationen auseinanderzusetzen bzw. neue Interessen zu entwickeln,
- können Arbeitsergebnisse überzeugend präsentieren,
- nutzen die angebotenen Übungen zur Vorbereitung für Aufnahmeverfahren und stellen sich selbstbewusster Bewerbungsverfahren und Tests,
- erstellen ein Kompetenzportfolio als Dokumentation ihres Lernfortschrittes, um damit in Bewerbungsgesprächen mit ihren Stärken punkten zu können.

Grenzen und eigene Erfahrungen

Im Rahmen eines Stationenbetriebes können nicht alle für die Berufswahl relevanten Fähigkeiten abgefragt werden. Dies gilt für körperliche Fähigkeiten ebenso wie für Fähigkeiten aus dem Bereich sozialer Kompetenzen. Einige Stärken werden sich durch Leistungen in Unterrichtsgegenständen abbilden, andere im Rahmen außerschulischer Aktivitäten. Diese Erkenntnisse sollten in eine Gesamtbeurteilung einbezogen und ebenfalls im Portfolio festgehalten werden.

Immer wieder machen wir die Erfahrung, dass Jugendliche bei der Arbeit im Stationenbetrieb viele Fähigkeiten erstmals bewusst erleben. Das Erkennen der eigenen Kompetenzen wird von den Jugendlichen als wesentlicher Schritt auf dem Weg zur Berufswahlentscheidung empfunden. Gleichzeitig unterstützt es die Entwicklung eines gesunden Selbstwertgefühls, das die Basis für alle lebenswichtigen Entscheidungsprozesse ist. Mit Freude registrieren wir auch den Stolz von Jugendlichen, die ihr Kompetenzportfolio als aussagekräftige Ergänzung zu ihren Bewerbungsunterlagen präsentieren.

Sabine Fritz
Peter H. Ebner

Aktualität der Daten

Die im Informationsblatt **Fähigkeiten, Berufsfelder und Berufe** aufgeführten Berufsfelder und Berufe sind der offiziellen Website der Arbeitsagentur entnommen (Stand: Januar 2008). Aktualisierungen sind zu recherchieren unter: **http://infobub.arbeitsagentur.de**

Das Kompetenzportfolio

In ihrem persönlichen Kompetenzportfolio dokumentieren die Jugendlichen jene Kompetenzen, die als Parameter für ihre Berufswahl dienen sollen. Es ist eine überdachte und reflektierte Auswahl an Arbeitsergebnissen, welche die individuellen Fähigkeiten und Stärken, aber auch Entwicklungsmöglichkeiten des Einzelnen sichtbar nachvollziehbar machen.
Gleichzeitig wird eine Verbindung zwischen einzelnen Fähigkeiten und Anforderungen in der Arbeitswelt hergestellt. Der Vergleich zwischen den persönlichen Kompetenzen und Ansprüchen unterschiedlicher Berufsfelder bietet eine seriöse Grundlage für eine erfolgreiche Berufswahl.
Auf der Basis des Kompetenzportfolios können die Jugendlichen ein Bewerbungsportfolio erstellen, mit dem sie bei Bewerbungen ihre Stärken belegen können.

Wesentliche Aspekte des Portfolios sind Selbstreflexion und externe Rückmeldung. Der Lernende denkt nicht nur darüber nach, wie eine Aufgabe zu lösen ist, sondern stellt sich anschließend auch Fragen zum Prozess selbst:

- Warum ist mir die Lösung der Aufgabe leicht/schwer gefallen?
- Was habe ich durch die Beschäftigung mit dieser Aufgabe dazugelernt?
- Was sagt das Ergebnis über meine Fähigkeiten aus?
- Was davon kann ich über die Schule hinaus anwenden?
- Welche Möglichkeiten habe ich, bestimmte Fähigkeiten noch zu verbessern?

Die Beantwortung der Reflexionsfragen kann schriftlich auf einem Zusatzblatt erfolgen oder mündlich im Dialog mit einem Mitschüler, einer Lehrkraft oder anderen Personen geschehen.
Um zu einem Vergleich von Selbst- und Fremdeinschätzung zu gelangen, sollten möglichst oft externe Rückmeldungen eingeholt werden.

Ausführliche Reflexionen sind besonders bei jenen Aufgaben wichtig, bei denen die Beurteilung mit Punkten nur subjektiv möglich ist, also vor allem bei Aufgaben aus dem Bereich der Schlüsselqualifikationen. Es macht sich bezahlt, für Reflexionsgespräche genügend Zeit einzuplanen.

Natürlich ist es nicht möglich, mit den Materialien aus der Portfoliomappe alle Leistungsbereiche zu beleuchten. Daher sollten im Kompetenzportfolio auch besondere Ergebnisse aus verschiedenen Unterrichtseinheiten ebenso wie Leistungen aus dem Freizeitbereich (Sportverein, Theatergruppe ...) dokumentiert werden.

Hinweise für Lehrkräfte

Im Rahmen des Stationenbetriebes erproben die Jugendlichen mit Hilfe von praxisnahen Testaufgaben ihre berufspraktischen Kompetenzen – vom technischen Verständnis über Problemlösefähigkeit bis hin zur Teamfähigkeit. Hierfür sollten zwei Räume zur Verfügung stehen: Ein Stilleraum (ST) zur Durchführung von Aufgaben, die Konzentration und Ruhe erfordern, sowie ein Kommunikationsraum (K) für Aufgaben, die in Partnerarbeit durchgeführt werden. Für einige Stationen benötigen Sie Zusatzmaterialien. Das Sammeln bzw. Herstellen dieser Materialien erfordert einen gewissen Zeitaufwand. Materialhinweise dazu finden Sie im Stationenplan für Lehrkräfte.

Zur Stationenauswahl

In der Portfoliomappe finden Sie **22 Stationen zu unterschiedlichen Fähigkeitsbereichen.**
Im **Anhang** sind Informations- und Arbeitsblätter zur Auswertung der Stationenarbeit beigefügt.
Je nach Zeitkapazität und Leistungsvermögen der Jugendlichen können Sie daraus eine Auswahl treffen. Idealerweise bearbeiten Sie im Verlauf eines Jahres mindestens zwei Aufgaben aus allen

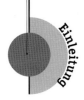

Das Kompetenzportfolio

Stationen, um den Jugendlichen eine realistische Selbsteinschätzung ihrer Stärken und Entwicklungsmöglichkeiten zu ermöglichen.

Aufgabenstationen

An den **Stationen 1 bis 16** werden zwei oder mehr Aufgaben mit zum Teil unterschiedlichen Schwierigkeitsstufen angeboten. Hierfür liegen an der jeweiligen Station die notwendigen Arbeitsblätter und Materialien aus. Die Stationen verteilen sich auf den Stille- und den Kommunikationsraum.

Stationen „Schlüsselqualifikationen"

Die **Stationen 17 und 18** mit den Themen Team- und Kommunikationsfähigkeit erfordern auf Grund ihres Umfanges **eigene Unterrichtseinheiten**. Die **Stationen 19 bis 22** mit den Themen Empathiefähigkeit, Zuverlässigkeit, Kritik- und Konfliktfähigkeit können **gemeinsam in einer Einheit** bearbeitet werden.

Lösungsstationen

Für die meisten der angebotenen Stationen werden im jeweiligen Raum Lösungsstationen eingerichtet. Dort erfolgt die Kontrolle der Ergebnisse mit Hilfe eines Lösungsblattes durch die Jugendlichen selbst.

Zeitliche Organisation

Die Stationenarbeit kann im Rahmen von Projekttagen, in Blockform oder in mehreren Einzelstunden durchgeführt werden. Bewährt haben sich Einheiten von drei bis vier Stunden. In jeder Einheit ist eine **Vorbereitungszeit** zur Erklärung der Aufgaben und für die Organisation (Gruppenbildung) sowie eine **Nachbereitungszeit** (Einheften der Aufgabenblätter in die Portfoliomappe, Reflexion, Abbau der Stationen) einzuplanen. Die Zeitangaben auf den Arbeitsblättern sind Richtwerte für die Vorbereitungszeit, die Bearbeitung und Kontrolle. An etlichen Stationen soll die exakte Zeit gemessen werden. Aus diesem Grund sollten sich an allen Stationen eine Uhr (Wecker, Eieruhr) befinden. Bei einigen Partneraufgaben fungiert der Mitspieler als Zeitwächter.

Sozialform

Viele Arbeitsaufträge sind in Partnerarbeit zu bearbeiten. Bei ungerader Teilnehmerzahl kann eine Dreiergruppe gebildet werden. Durch die Arbeit mit einem Partner sollen die Jugendlichen angeregt werden, ihre Leistungen zu reflektieren und differierende Bewertungen zu diskutieren.

Ablauf der Stationenarbeit

A. Vorbereitung:
1. Besprechung des Blattes **Fähigkeiten – Berufsfelder – Berufe**
2. Erarbeitung und Diskussion des Fragebogens **Meine Fähigkeiten**
3. Besprechung des Blattes **Haus meiner Fähigkeiten**
4. Erklärung der Umrechnung von Punkten zu Prozenten
5. Erklärung des Ablaufes eines Stationenbetriebes an Hand des **Stationenplanes für Jugendliche** und der **Hinweise zur Stationenarbeit** (S. 11)
6. Hinweise zur **Portfolioerstellung**
7. Partner- bzw. Gruppenbildung

B. Arbeit im Stationenbetrieb

C. Auswertung:
8. Bearbeitung des Arbeitsblattes **Haus meiner Fähigkeiten**
9. Erarbeiten des Blattes **Mit Kompetenz zum Beruf**
10. Sammeln der Arbeitsergebnisse im **Kompetenzportfolio**

Kopiervorlage

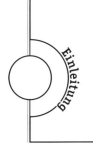

Bevor es losgeht …

- [ ] **Zu Beginn erhält jeder von euch folgende Arbeitsblätter:**
  - Fragebogen **Meine Fähigkeiten**
  - **Stationenplan für Jugendliche**
  - Vorlage **Haus meiner Fähigkeiten**
  - Arbeitsblatt **Mit Kompetenz zum Beruf**

- [ ] **Jede Station ist durch ein Schild mit Stationennamen, Symbol und Zeitangabe gekennzeichnet.**

- [ ] **Die Stationen sind auf zwei Räume verteilt:**
  - Der Stilleraum, in dem ihr ganz leise sein müsst, um andere nicht zu stören.
  - Der Kommunikationsraum, in dem ihr euch in angemessener Lautstärke unterhalten könnt.

- [ ] **Ihr durchlauft die Stationen mit einem Partner.**

- [ ] **Jedes Paar kann an einer Station seiner Wahl beginnen und selbst die Reihenfolge wählen, welche Station als Nächstes aufgesucht wird.**

- [ ] **An einer Station kann immer nur ein Paar arbeiten.**

- [ ] **An den Lösungsstationen liegen für einige Aufgaben Lösungsblätter aus.**

- [ ] **Denkt daran, eure erreichten Punkte auf dem Arbeitsblatt und dem Stationenplan einzutragen.**

- [ ] **Die bearbeiteten Arbeitsblätter heftet jeder in seinem Kompetenzportfolio ab.**

- [ ] **Hinterlasst die Station so, wie ihr sie vorgefunden habt.**

- [ ] **Seid fair und ehrlich bei der Punktevergabe.**

Regeln zur Teamarbeit

Was du beitragen kannst, damit Teamarbeit gelingt:

- [ ] anderen zuhören und sie ausreden lassen
- [ ] dich in Gesprächen um Blickkontakt bemühen
- [ ] Argumente anderer akzeptieren
- [ ] eigene Vorschläge gut begründen
- [ ] dich auf Aufgaben konzentrieren und bei der Sache bleiben
- [ ] mitplanen und eigene Ideen einbringen
- [ ] eine Funktion im Team übernehmen
- [ ] übernommene Aufgaben gut erfüllen
- [ ] dich für das Erreichen des Ziels verantwortlich fühlen
- [ ] dich an Vereinbarungen halten
- [ ] dich für die Ideen der anderen Teammitglieder interessieren
- [ ] Teamkollegen positives Feedback geben
- [ ] andere Mitglieder des Teams zur Mitarbeit motivieren
- [ ] anderen helfen, sie unterstützen

Fragebogen zur Selbsteinschätzung 1/7

Meine Fähigkeiten

In diesem Fragebogen erfährst du beispielhaft, welche Fähigkeiten hinter verschiedenen Tätigkeiten stecken. Gleichzeitig kannst du einige deiner Fähigkeiten selbst einschätzen.

Wenn du einige dieser Tätigkeiten noch nicht ausprobiert hast, stelle dir einfach vor, wie es dir damit gehen könnte.

Kreuze an, was zutrifft!

	Fällt mir sehr leicht	Fällt mir eher leicht	Fällt mir schwer	Fällt mir sehr schwer
Körperliche Belastbarkeit				
Ich helfe einem Freund beim Umzug und trage schwere Kartons bis in das dritte Stockwerk.				
Ich bewege mich beim Sport intensiv und ohne viel Pausen.				
Ich mache ein Praktikum als Koch/Köchin in einer Großküche und arbeite 8 Stunden mit kurzen Pausen in großer Hitze.				
Bei meinem Ferienjob bin ich unterschiedlichsten Witterungsbedingungen ausgesetzt.				
Technisches Verständnis				
Ich repariere selbst elektronische Geräte oder Küchengeräte.				
Ich warte mein Fahrrad/Moped alleine.				
Wenn das Licht in unserer Wohnung ausfällt, kann ich mir vorstellen, welche Fehlerquellen in Frage kommen.				
Ich baue im Chemieunterricht eine komplizierte Versuchsanordnung auf.				
Motorische Fähigkeiten (Auge-Hand-Koordination)				
Beim Mikadospiel beweise ich eine ruhige Hand.				
Ich kann Papier oder Stoff exakt zuschneiden.				
Ich fädle in eine Nähnadel einen Faden ein.				
Ich zeichne in einem Computerprogramm (z.B. Paintbrush) mit der Maus eine Figur.				

Fragebogen zur Selbsteinschätzung 2/7

Meine Fähigkeiten

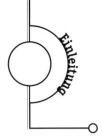

	Fällt mir sehr leicht	Fällt mir eher leicht	Fällt mir schwer	Fällt mir sehr schwer
Ich schreibe meinen Lebenslauf mit einem Füller in sehr gut leserlicher Schrift.				
Ich schreibe auf der Computertastatur im 10-Finger-System.				
Räumliches Vorstellungsvermögen				
Ich bin in einer fremden Stadt und muss mich mit Hilfe des Stadtplans orientieren.				
Ich zeichne einen Plan unserer Wohnung.				
Ich baue Möbelstücke in kurzer Zeit nach einer Arbeitsanleitung zusammen.				
Ich kann den Weg von der Schule zu mir nach Hause für einen Klassenkameraden nachvollziehbar aufzeichnen.				
Ich stehe auf der Straße und schätze die Entfernung bis zur nächsten Kreuzung ab.				
Sprachverständnis und Rechtschreibung				
Ich schreibe Texte ohne Rechtschreibfehler.				
Ein Fachmann aus der Wirtschaft hält in der Schule einen interessanten Vortrag. Ich schreibe stichwortartig mit.				
Ich verfasse ein Bewerbungsschreiben, das meine Person (Stärken, Berufsvorstellungen, Wünsche) aussagekräftig beschreibt.				
Ich schreibe einen gut formulierten Aufsatz zum Thema „Ich in 15 Jahren".				
Ich fasse in einem lebendigen Bericht zusammen, welche Erlebnisse mich in den letzten Ferien besonders beeindruckt haben.				
Kreative Fähigkeiten				
Ich sammle Gegenstände und bastle daraus fantasievolle Gebilde.				
Im Deutschunterricht schreibe ich originelle Texte.				
Ich entwerfe eigene Geburtstags- und Grußkarten.				

Fragebogen zur Selbsteinschätzung 3/7

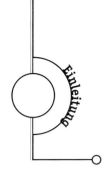

Meine Fähigkeiten

	Fällt mir sehr leicht	Fällt mir eher leicht	Fällt mir schwer	Fällt mir sehr schwer
Ein Freund feiert seinen 18. Geburtstag. Ich übernehme für die Party die Dekoration des Raumes.				
Ich fertige Collagen an.				
Merkfähigkeit				
Ich kann mir die Geburtstage meiner Freunde merken.				
Ich merke mir verlässlich die Aufgabenstellung von Hausaufgaben, ohne sie zu notieren.				
Ich kann mich an die meisten Namen meiner Mitschüler aus der Grundschulzeit erinnern.				
Wenn ich den Supermarkt gehe, um Lebensmittel einzukaufen, habe ich die Einkaufsliste im Kopf und vergesse nichts.				
Teamfähigkeit				
Ich komme neu in eine Klasse und nehme sofort Kontakt zu meinen neuen Mitschülern auf.				
In einer Gruppenarbeit macht ein Mitschüler Vorschläge, die meinen ursprünglichen Ideen nicht entsprechen. Ich lasse mich von seinen Argumenten überzeugen und verzichte auf die Umsetzung meines Vorschlages.				
In einem Projektteam übernehme ich auch Aufgaben, die mir nicht besonders liegen, die aber für das Erreichen des Ziels wichtig sind.				
Wenn in meiner Arbeitsgruppe Mitschüler ihre Aufgabe gut erfüllt haben, lobe ich sie.				
Wenn sich in der Gruppenarbeit einige Mitglieder kaum einbringen, gehe ich auf sie zu und bitte sie um Beiträge.				
Auch wenn manche Gruppenmitglieder sehr viel reden, höre ich gut zu.				
Bei Gruppenarbeiten halte ich mich an gemeinsam vereinbarte Regeln.				
Ich freue mich, wenn meine Gruppe gute Arbeit geleistet hat, auch wenn nicht alle meiner Beiträge angenommen wurden.				

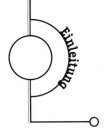

Meine Fähigkeiten

	Fällt mir sehr leicht	Fällt mir eher leicht	Fällt mir schwer	Fällt mir sehr schwer
In meinem Fußball-/Handballteam überlasse ich einem Mitspieler den Torschuss/-wurf, obwohl ich auch eine gute Chance gehabt hätte.				

Kommunikationsfähigkeit

	Fällt mir sehr leicht	Fällt mir eher leicht	Fällt mir schwer	Fällt mir sehr schwer
Ich möchte einen neuen MP3-Player kaufen und frage den Verkäufer nach den Leistungen der ausgestellten Geräte und ihren Preisen.				
Im Zug sitzt ein Mädchen neben mir, das ein Buch liest und dabei mehrmals laut auflacht. Ich frage sie, wie das Buch heißt.				
Ich habe mich in einer fremden Stadt verlaufen und frage eine Person nach dem Weg zum Bahnhof.				
Im Rahmen meiner Schnuppertage komme ich mit mehreren Azubis in Kontakt. Ich spreche sie an, um zu erfahren, ob sie mit ihrer Ausbildung zufrieden sind.				
Ich überzeuge meine Eltern mit guten Argumenten, mein Taschengeld zu erhöhen.				
Ich erzähle einem Freund gut verständlich den Inhalt des Films, den ich kürzlich gesehen habe.				
Ich erkläre meinem Lehrer, warum ich seine Ausführungen nicht ganz verstanden habe, ohne ihn dabei zu verärgern.				
Ich überzeuge meine Freunde, dass meine Lieblingsband die bessere Musik als die ihre macht.				

Bildliches Vorstellungsvermögen

	Fällt mir sehr leicht	Fällt mir eher leicht	Fällt mir schwer	Fällt mir sehr schwer
Ich habe ein Puzzle mit 500 Teilen geschenkt bekommen und setze es zusammen.				
Ich schließe die Augen und stelle mir die Küche bei uns zu Hause vor, mit allen Details.				
Ich habe für eine Physikprüfung gelernt und mir die Skizze einer Versuchsanordnung eingeprägt. Während der Prüfung rufe ich mir die Skizze wieder ins Gedächtnis.				

Fragebogen zur Selbsteinschätzung 5/7

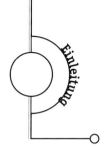

Meine Fähigkeiten

	Fällt mir sehr leicht	Fällt mir eher leicht	Fällt mir schwer	Fällt mir sehr schwer
Genauigkeit und Sorgfalt				
In Geometrie ziehe ich mit einem Lineal parallele Linien in einem Abstand von genau 8 mm.				
Ich hefte meine Arbeitsblätter immer in den Ordner ein und lasse sie nicht unter der Schulbank liegen.				
Wenn ich verreise, habe ich immer alles im Koffer, was ich benötige.				
Ich bin Klassenkassier und verwalte die Beiträge für Klassenfahrten und Feste. Darüber führe ich sorgfältig Buch.				
Nach einer Reparatur an meinem Fahrrad räume ich die Werkzeuge wieder ordentlich weg.				
Die Ergebnisse meiner Mathehausaufgaben prüfe ich meist noch einmal nach.				
Geruchs – und Geschmackssinn				
Ich komme nach Hause und erkenne am Geruch, was gekocht wurde.				
Ich erhalte ein Eis mit vier Kugeln und erkenne alle vier verschiedenen Geschmacksrichtungen.				
Hörwahrnehmung				
Ich erkenne bekannte Songs bereits nach den ersten Takten.				
Ich höre es, wenn jemand falsch auf einem Instrument spielt.				
Wenn jemand einen ziemlich komplizierten Rhythmus klatscht, kann ich ihn mitklatschen.				
Ich erkenne am Geräusch der Schritte, wer näher kommt.				
Konzentrationsfähigkeit				
Ich löse Mathematikaufgaben, während sich im Hintergrund mehrere Menschen laut unterhalten.				
Ich kann viel Zeit mit dem Lösen von Rätseln verbringen.				
Ich verfolge eine interessante Fernsehdokumentation mindestens 20 Minuten lang.				

Fragebogen zur Selbsteinschätzung 6/7

Meine Fähigkeiten

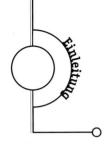

	Fällt mir sehr leicht	Fällt mir eher leicht	Fällt mir schwer	Fällt mir sehr schwer
Ich kann mich in der 6. Stunde noch auf den Unterricht konzentrieren.				
Wenn ich von der Schule nach Hause komme, brauche ich keine Pause, sondern setze mich sofort an meine Hausaufgaben.				
Logisches Denken				
Im Mathematikunterricht sind häufig Dreisatz-Aufgaben zu lösen, was mir keinerlei Probleme bereitet.				
Ich bediene technische Geräte wie Video- oder DVD-Rekorder, MP3-Player oder Musikanlagen, ohne die Bedienungsanleitungen gelesen zu haben.				
Ich spiele gerne Schach oder Sudoku.				
Problemlösen				
Zur Überraschung meiner Eltern bereite ich ein köstliches Essen zu. Knapp vor der Fertigstellung stelle ich fest, dass mir ein wichtiges Gewürz fehlt. Ich finde eine Lösung.				
Ich habe einen neuen Schreibtisch bekommen. Als ich das erste Mal an ihm arbeiten möchte, stelle ich fest, dass er wackelt. Ich unternehme etwas dagegen.				
Ich will einen Freund besuchen und fahre mit dem Zug zu ihm. Am Bahnhof angekommen, stelle ich fest, dass ich den Notizzettel mit der Adresse und der Telefonnummer meines Freundes verloren habe. Jetzt muss ich mein Problem lösen.				
Ich komme aus der Sporthalle und muss feststellen, dass mein Fahrrad verschwunden ist. Ich mache mir einen Plan, was ich jetzt unternehmen werde.				
Ich habe Schwierigkeiten mit meinem Computer, der immer wieder abstürzt. Ich will das Problem selbst lösen und habe auch schon eine Idee.				
Mathematisches Denken				
Ich kaufe mir einen Laptop für 399,– €. Weil es ein Auslaufmodell ist, bekomme ich es um 15 % billiger. Ich rechne schnell im Kopf aus, wie viel ich bezahlen muss.				

Fragebogen zur Selbsteinschätzung 7/7

Meine Fähigkeiten

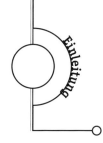

	Fällt mir sehr leicht	Fällt mir eher leicht	Fällt mir schwer	Fällt mir sehr schwer
Ich besorge im Supermarkt 2 l Mineralwasser, ½ kg Orangen, 1 ¼ kg Bananen, 2 kg Brot sowie 750 g Wurst und Schinken. Ich rechne überschlagsmäßig aus, wie viel Gewicht ich schleppen muss.				
Ich habe eine Wanderung über 10 km vor. Bevor ich aufbreche, rechne ich mir aus, wie lange ich für diese Strecke ungefähr brauchen werde.				
Mündliche Ausdrucksfähigkeit				
Ich rede im Unterricht 3 Minuten lang frei zu einem vom Lehrer vorgegebenen Stichwort.				
Ein englischer Tourist fragt mich nach dem Weg. Ich gebe ihm in seiner Sprache Auskunft.				
Im Freundeskreis diskutieren wir immer wieder über spannende Themen. Ich teile meine Gedanken dazu mit und begründe meine Meinungen.				
Ich beschreibe meinen Mitspielern den Ablauf eines Spieles (Computerspiel, Brettspiel …), ohne dass etwas dabei unklar bleibt.				
Tastsinn				
Wenn in meinem Zimmer plötzlich das Licht ausfällt, finde ich mich auch im Dunkeln zurecht.				
Ich forme mit meinen Händen Figuren aus Ton oder Knetmaterial.				
Ich errate mit geschlossenen Augen verschiedene Gegenstände, indem ich sie in die Hand nehme.				

Stationenplan für Lehrkräfte

Station	Fähigkeiten	Arbeitsblatt	Raum	Sozial-form	Zeit	Niveau	Zusatzmaterial	Hinweise
1.	Bildliches Vorstellungsvermögen	Rechts oder links?	ST	☺	10	☆☆☆		
		Wortpaare	ST	☺☺	20	☆☆		
2.	Genauigkeit	Nach Mustern zeichnen	K	☺	15	☆☆	Bleistifte, Lineale	
		Treffsicher zeichnen	K	☺☺	10	☆	Bleistifte, Lineale	
		Alles nach Maß	K	☺☺	10	☆		
3.	Geruchs- und Geschmackssinn	Düfte erschnuppern	ST	☺	8	☆☆	6 Filmdosen, gefüllt mit Wattebäuschchen, die mit wenigen Tropfen ätherischer Öle beträufelt sind (z.B. Kamille, Lavendel, Pfefferminze …). 16 Karten mit Abbildungen der Pflanzen der verwendeten Düfte.	Als Düfte können nicht nur ätherische Öle eingesetzt werden, sondern auch Kräuter oder Produkte aus dem täglichen Leben.
		Saftbar	ST	☺	8	☆☆	6 verschiedene Säfte (z.B. Karottensaft, Rote-Bete-Saft, Orangensaft, Johannisbeersaft …), die mit roter Lebensmittelfarbe eingefärbt werden. Die Flaschen mit Nummern kennzeichnen. Pappbecher zum Probieren der Säfte.	
4.	Tastsinn	Tast-Memory®	K	☺☺	10	☆☆	2 Stoffbeutel, Augenbinde, Bierdeckel, Materialien zum Bekleben (z.B. Wolle, Stoffreste, Fellstücke, Walnussschalen, kleine Muscheln, Sand …)	
		Fingerspitzengefühl	K	☺☺	10	☆☆	Handy, Augenbinde	

Stationenplan für Lehrkräfte

Station	Fähigkeiten	Arbeitsblatt	Raum	Sozial-form	Zeit	Niveau	Zusatzmaterial	Hinweise
5.	Hörwahrnehmung	Hör-Memory®	ST	👥	10	⭐⭐	16 Filmdosen mit unterschiedlichen Materialien füllen (z.B. Erbsen, Sand, Murmeln, Geldstücke, Nägel ...), wobei immer **2 Dosen** mit dem **gleichen Inhalt** gefüllt werden! Filmdosen auf der Unterseite entsprechend beschriften.	Leere Filmdosen bekommen Sie meist umsonst im Fotogeschäft.
		Bandgeräusche	ST	🙂	10	⭐⭐	CD-Player mit Geräusche-CD, Kopfhörer	Auf der Internetseite www.hoerspielbox.de können Sie sich kostenlos Geräusche downloaden.
6.	Konzentrations-fähigkeit	Figuren zeichnen	ST	🙂	10	⭐⭐⭐	Bleistifte	
		Symbolrechnen	ST	🙂	10	⭐		
		Zahlensuche	ST	🙂	5	⭐	Textmarker, Stoppuhr	
		Vertauschte Zeichen	ST	🙂	10	⭐⭐		
7.	Kreative Fähigkeiten	Ziegelstein	ST	🙂	10	⭐⭐⭐	Stoppuhr	
		Vornamen	ST	🙂	5	⭐⭐	Stoppuhr	
		Geburtstagsgeschenk	ST	🙂	5	⭐⭐	Stoppuhr	
		Wortbilder	ST	🙂	15	⭐⭐⭐	Stoppuhr	
8.	Logisches Denken	Sprachanalogien	ST	🙂	8	⭐⭐		
		Verwandte finden	ST	🙂	8	⭐⭐⭐		
		Logische Reihen	ST	🙂	15	⭐⭐		
		Uhrzeiten	ST	🙂	10	⭐⭐		

Stationenplan für Lehrkräfte

Station	Fähigkeiten	Arbeitsblatt	Raum	Sozial-form	Zeit	Niveau	Zusatzmaterial	Hinweise
9.	Merkfähigkeit	Formen wiedergeben	ST	☺☺	20	✫✫	Bleistifte	
		Gesichter und Namen	ST	☺	10	✫✫	Stoppuhr	
		Notizzettel	ST	☺	10	✫✫✫	Stoppuhr	
		Speisekarte	ST	☺	10	✫✫✫	Stoppuhr	
10.	Auge-Hand-Koordination (Motorische Fähigkeiten)	Figuren aus Draht	K	☺	20	✫✫✫	Schweißdraht ø 2 mm, Flach- und Rundzange	Wählen Sie eine der beiden Aufgaben zur Bearbeitung aus. Schweißdraht bzw. Schweißstäbe können Sie im Baumarkt kaufen.
		Labyrinth	K	☺☺	8	✫	Bleistifte	
		Drehwurm	K	☺☺	10	✫	Becher mit jeweils 20 Schrauben und Muttern, Stoppuhr	
		Maßstabsgetreu kopieren	K	☺☺	10	✫✫	Bleistifte	
11.	Problemlösen	Streichholzrätsel	K	☺	10	✫✫	Streichhölzer	
		Dienstpläne	K	☺☺	30	✫✫✫		
		U-Bahn-Fahrt	K	☺	15	✫✫		
12.	Räumliches Vorstellungs-vermögen	Faltvorlagen	ST	☺	8	✫✫✫		
		Gedrehte Symbole	ST	☺	8	✫✫✫		
13.	Mathematisches Denken	Textaufgaben	ST	☺	15	✫✫		
		Schätzaufgaben	ST	☺	10	✫✫		

Stationenplan für Lehrkräfte

Station	Fähigkeiten	Arbeitsblatt	Raum	Sozialform	Zeit	Niveau	Zusatzmaterial	Hinweise
14.	Mündliche Ausdrucksfähigkeit	Freies Sprechen nach Stichworten	K	👥	15	✦✦	Stichwortkarten, Stoppuhr	
		Vorstellungsgespräch	K	👥	40	✦✦	leere Blätter, Stoppuhr	
15.	Sprachverständnis	Abkürzungen	ST	🙂	10	✦✦		
		Fremdwörter	ST	🙂	8	✦✦✦		
		Sprachstil	ST	🙂	8	✦✦✦		
		Kuckuckseier	ST	🙂	8	✦✦		
16.	Technisches Verständnis	Alltagsprobleme	ST	🙂	10	✦✦		
		Vermischtes	ST	🙂	10	✦✦		
		Räder	ST	🙂	10	✦✦✦		
17.	Teamfähigkeit	Traumwohnsitz	K	👥	90	✦	Stifte, leere Blätter, buntes Papier, Bausteine (Bauklötze, Lego, Duplo ...), Playmobil-Figuren, Illustrierte, Klebstoff, Schere	
		Mobile	K	👥	90	✦	Kleiderbügel, Schnüre, Wäscheklammern, Holzrundstäbe, Klebeband, Blumendraht, Gebrauchsgegenstände aus verschiedensten Materialien (CD, Geodreieck, Kochlöffel ...), Stifte, bunte Blätter	Sie können die Jugendlichen auch selbst Gegenstände mitbringen lassen. Die Gegenstände sollten aber in irgendeiner Beziehung zur eigenen Person stehen, z.B. zum Berufswunsch oder zu Interessen und Hobbys.
18.	Kommunikationsfähigkeit	Überzeugend argumentieren	K	👥	30	✦✦	Gegenstands- und Namenskarten	
		Bildgeschichte	K	👥	90	✦✦		
		Comic	K	👥	90	✦✦✦		

Portfoliomappe
Berufsfindung

Stationenplan für Lehrkräfte

Station	Fähigkeiten	Arbeitsblatt	Raum	Sozial-form	Zeit	Niveau	Zusatzmaterial	Hinweise
19.	Empathiefähigkeit	Einschätzungsbogen	K	👥	20	✮✮		
20.	Kritikfähigkeit	Einschätzungsbogen	ST	☺	10	✮✮		
21.	Zuverlässigkeit	Einschätzungsbogen	K	👥	15	✮✮		
22.	Konfliktfähigkeit	Einschätzungsbogen	K	👥	20	✮✮		

Legende

ST = Stillerraum (ST)   **K** = Kommunikationsraum (KT)

☺ = Einzelarbeit   👥 = Partnerarbeit   👥👥 = Teamarbeit

✮ = leicht   ✮✮ = mittelschwer   ✮✮✮ = schwer

Portfoliomappe
Berufsfindung

Stationenplan für Jugendliche

Station	Fähigkeiten	Arbeitsblatt	Raum	Sozialform	Zeit	Max. erreichbare Punkte	Meine Punkte	Spaßfaktor :)	Spaßfaktor :|	Spaßfaktor :(	Bearbeitet am
1.	Bildliches Vorstellungsvermögen	Rechts oder links?	ST		10						
		Wortpaare	ST		20						
2.	Genauigkeit	Nach Mustern zeichnen	K		15						
		Treffsicher zeichnen	K		10						
		Alles nach Maß	K		10						
3.	Geruchs- und Geschmackssinn	Düfte erschnuppern	ST		8						
		Saftbar	ST		8						
4.	Tastsinn	Tast-Memory®	K		10						
		Fingerspitzengefühl	K		10						
5.	Hörwahrnehmung	Hör-Memory®	ST		10						
		Bandgeräusche	ST		10						

Stationenplan für Jugendliche

Station	Fähigkeiten	Arbeitsblatt	Raum	Sozial-form	Zeit	Max. erreich-bare Punkte	Meine Punkte	Spaßfaktor :)	Spaßfaktor :|	Spaßfaktor :(	Bearbeitet am
6.	Konzentrations-fähigkeit	Figuren zeichnen	ST		10						
		Symbolrechnen	ST		10						
		Zahlensuche	ST		5						
		Vertauschte Zeichen	ST		10						
7.	Kreative Fähigkeiten	Ziegelstein	ST		10						
		Vornamen	ST		5						
		Geburtstagsgeschenk	ST		5						
		Wortbilder	ST		15						
8.	Logisches Denken	Sprachanalogien	ST		8						
		Verwandte finden	ST		8						
		Logische Reihen	ST		15						
		Uhrzeiten	ST		10						

Stationenplan für Jugendliche

Station	Fähigkeiten	Arbeitsblatt	Raum	Sozial-form	Zeit	Max. erreich-bare Punkte	Meine Punkte	Spaßfaktor ☺ ☺ ☹	Bearbeitet am
9.	Merkfähigkeit	Formen wiedergeben	ST		20				
		Gesichter und Namen	ST		10				
		Notizzettel	ST		10				
		Speisekarte	ST		10				
10.	Auge-Hand-Koordination (Motorische Fähigkeiten)	Figuren aus Draht	K		20				
		Labyrinth	K		8				
		Drehwurm	K		10				
		Maßstabsgetreu kopieren	K		10				
11.	Problemlösen	Streichholzrätsel	K		10				
		Dienstpläne	K		30				
		U-Bahn-Fahrt	K		15				
12.	Räumliches Vorstellungs-vermögen	Faltvorlagen	ST		8				
		Gedrehte Symbole	ST		8				

Stationenplan für Jugendliche

Station	Fähigkeiten	Arbeitsblatt	Raum	Sozial-form	Zeit	Max. erreich-bare Punkte	Meine Punkte	Spaßfaktor :) :| :(	Bearbeitet am
13.	Mathematisches Denken	Textaufgaben	ST	👤	10				
		Schätzaufgaben	ST	👤	10				
14.	Mündliche Ausdrucksfähigkeit	Freies Sprechen nach Stichworten	K	👥	15				
		Vorstellungsgespräch	K	👥	40				
15.	Sprachverständnis	Abkürzungen	ST	👤	10				
		Fremdwörter	ST	👤	8				
		Sprachstil	ST	👤	8				
		Kuckucksseier	ST	👤	8				
16.	Technisches Verständnis	Alltagsprobleme	ST	👤	10				
		Vermischtes	ST	👤	10				
		Räder	ST	👤	10				
17.	Teamfähigkeit	Traumwohnsitz	K	👥👥	90				
		Mobile	K	👥👥	90				

Stationenplan für Jugendliche

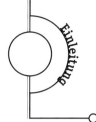

Station	Fähigkeiten	Arbeitsblatt	Raum	Sozial-form	Zeit	Max. erreich-bare Punkte	Meine Punkte	Spaßfaktor :)	Spaßfaktor :|	Spaßfaktor :(	Bearbeitet am
18.	Kommunikations-fähigkeit	Überzeugend argumentieren	K	👥	30						
		Bildgeschichte	K	👥	90						
		Comic	K	👥	90						
19.	Empathiefähigkeit	Einschätzungsbogen	K	👥	20						
20.	Kritikfähigkeit	Einschätzungsbogen	ST	👤	10						
21.	Zuverlässigkeit	Einschätzungsbogen	K	👥	15						
22.	Konfliktfähigkeit	Einschätzungsbogen	K	👥	20						

Legende

ST = Stilleraum (ST)   **K** = Kommunikationsraum (KT)

👤 = Einzelarbeit   👥 = Partnerarbeit   👥👥 = Teamarbeit

Portfoliomappe Berufsfindung

Stationen

Aufgaben
Vorlagen
Lösungen

Arbeitsblatt ○ **Bildliches Vorstellungsvermögen**

Rechts oder links?

Zeit: 10 Minuten

Sozialform: Einzelarbeit

Aufgabe:

Schreibe die Anfangsbuchstaben der fett gedruckten Begriffe in die richtigen Kästchen!

Beispiel:
Die **Tasse** ist rechts.
Der **Löffel** ist links. | L | T |

Hinweis:

Vergleiche deine Ergebnisse mit dem Lösungsblatt an der Lösungsstation!

Der **Affe** ist links.
Der **Tiger** ist rechts.

Das **Telefon** ist links vom **Bleistift**.
Der **Spitzer** ist links vom **Telefon**.

Die **Brille** und das **Etui** sind in den zwei Kästchen rechts.
Das **Etui** und der **Schlüssel** sind in den zwei Kästchen links.

Der **Ball** ist nicht neben der **Puppe**.
Das **Auto** ist links vom **Ball**.

Die **Birke** ist zwischen der **Tanne** und der **Erle**.
Die **Fichte** ist links von der **Tanne**.

Salz, **Pfeffer** und **Zahnstocher** sind in den Kästchen links.
Die **Gabel** ist nicht neben dem **Zahnstocher**.
Der **Pfeffer** ist links vom **Zahnstocher**.

Der **Nagel** und die **Schaufel** sind nicht neben der **Zange**.
Der **Hammer** ist links vom **Nagel**.

Rot und **Grün** sind in den zwei Kästchen rechts.
Violett ist zwischen **Weiß** und **Grün**.

Erreicht: ☐ Punkte

(Nach einer Idee von Betty Garner.)

Lösung — Bildliches Vorstellungsvermögen

Rechts oder links?

Hinweis:

Für jede richtig gelöste Aufgabe gibt es 1 Punkt.
Du kannst maximal 8 Punkte erreichen.

Der **Affe** ist links.
Der **Tiger** ist rechts. | A | T |

Das **Telefon** ist links vom **Bleistift**.
Der **Spitzer** ist links vom **Telefon**. | S | T | B |

Die **Brille** und das **Etui** sind in den zwei Kästchen rechts.
Das **Etui** und der **Schlüssel** sind in den zwei Kästchen links. | S | E | B |

Der **Ball** ist nicht neben der **Puppe**.
Das **Auto** ist links vom **Ball**. | P | A | B |

Die **Birke** ist zwischen der **Tanne** und der **Erle**.
Die **Fichte** ist links von der **Tanne**. | F | T | B | E |

Salz, **Pfeffer** und **Zahnstocher** sind in den Kästchen links.
Die **Gabel** ist nicht neben dem **Zahnstocher**.
Der **Pfeffer** ist links vom **Zahnstocher**. | P | Z | S | G |

Der **Nagel** und die **Schaufel** sind nicht neben der **Zange**.
Der **Hammer** ist links vom **Nagel**. | Z | H | N | S |

Rot und **Grün** sind in den zwei Kästchen rechts.
Violett ist zwischen **Weiß** und **Grün**. | W | V | G | R |

(Nach einer Idee von Betty Garner.)

Arbeitsblatt **Bildliches Vorstellungsvermögen**

Station 1: Wortpaare

Zeit: 20 Minuten

Sozialform: Partnerarbeit

Aufgabe:

Ihr sollt euch in kurzer Zeit so viele Wortpaare wie möglich einprägen.

So geht ihr vor:

1. Dein Partner liest dir Wortpaare aus der unten stehenden Liste vor. Versuche, dir zu jedem Wortpaar ein Bild vorzustellen. Du kannst dabei die Augen schließen, das erleichtert die Vorstellung.

   Beispiel: Eule – Schatzkiste.
   Du stellst dir **bildhaft** vor: Die Eule sitzt auf einer Schatzkiste.

2. Nach dem Einprägen aller Wortpaare macht ihr etwa eine Minute Pause. Dann nennt dein Partner jeweils ein Wort des Paares und du musst mit dem zweiten Begriff ergänzen. Dein Partner kreuzt an, wie viele Begriffe du dir merken konntest. Für jeden Begriff gibt es 1 Punkt.

3. Tauscht dann die Rollen.

Wortpaare

Partner A:

- [ ] Schloss – Rakete
- [ ] Kerze – Fahne
- [ ] Rose – Schraubstock
- [ ] Schwein – Lineal
- [ ] Gärtner – Wurst
- [ ] Zehe – Tischtuch
- [ ] Löffel – Wolle
- [ ] Pfeffer – Schaukelstuhl

Partner B:

- [ ] Blume – Liegestuhl
- [ ] Lampe – Bär
- [ ] Nagel – Fenster
- [ ] Hund – Computer
- [ ] Koffer – Gartenzaun
- [ ] Tankwart – Brot
- [ ] Flasche – Wecker
- [ ] Kette – Burg

Maximal: **8** Punkte

Erreicht: ☐ Punkte

Arbeitsblatt 〇 **Genauigkeit**

Nach Mustern zeichnen

Zeit: 15 Minuten

Sozialform: Einzelarbeit

Aufgabe:

Die vorgegebenen Muster sollen sich jeweils wiederholen.
Zeichne das Muster in jeder Reihe zu Ende. Arbeite möglichst genau mit einem Lineal!

Hinweis: Kontrolliere deine Zeichnungen an der Lösungsstation!

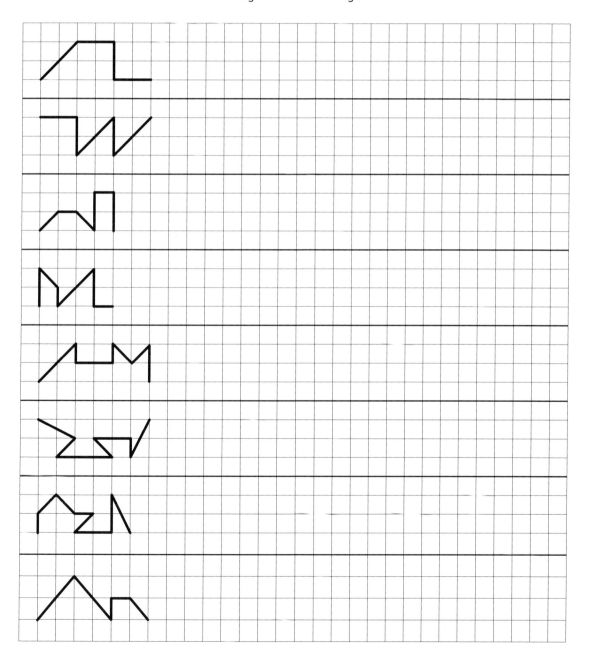

Erreicht: ☐ Punkte

Lösung ✓ **Genauigkeit**

Nach Mustern zeichnen

○ **Hinweis:**

Lege das Lösungsblatt unter dein Arbeitsblatt.
Die richtigen Lösungen scheinen bei Licht durch.
So kannst du deine Arbeit auf Richtigkeit und Genauigkeit kontrollieren.

Für jede richtig ausgeführte Reihe darfst du dir 1 Punkt geben!
Du kannst maximal 8 Punkte erreichen.

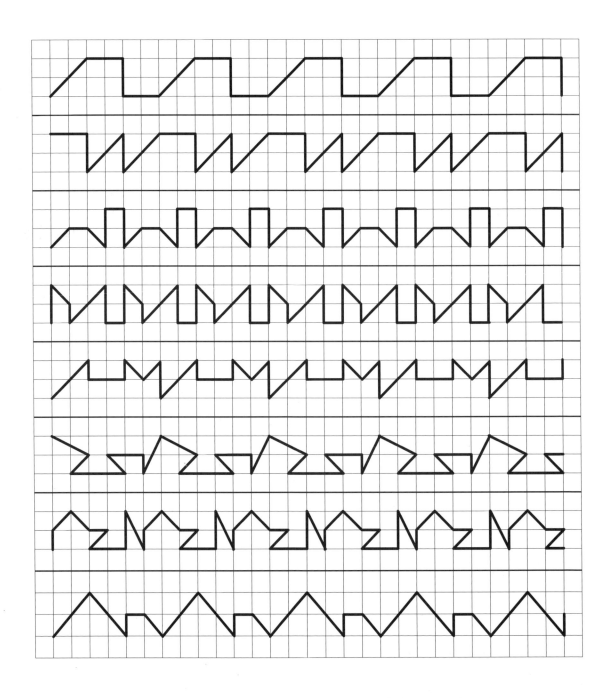

Arbeitsblatt ○ **Genauigkeit**

Treffsicher zeichnen

○ **Zeit:** 10 Minuten

Sozialform: Partnerarbeit

Aufgabe:

Verbinde die Kreise mit Linien, sodass das Bild eines Hammers entsteht.

Hinweis:

Benutze einen spitzen Bleistift und ein Lineal!
Die Linien müssen in den Kreisen genau aufeinandertreffen.

Dein Partner arbeitet gleichzeitig an der gleichen Aufgabe.

Wenn ihr fertig seid, besprecht gemeinsam eure Zeichnungen. Treffen alle 9 Linien innerhalb der Kreise genau aufeinander, erhältst du 9 Punkte. Für jede Ungenauigkeit gibt es 1 Punkt Abzug.

Erreicht: ☐ Punkte

Arbeitsblatt ○ **Genauigkeit**

Alles nach Maß

○ **Zeit:** 10 Minuten

Sozialform: Partnerarbeit

Aufgabe:

Zeichne in die Umrisse des Elefanten waagrechte Linien in einem Abstand von 5 mm ein. Achte darauf, dass du mit den Linien nicht über die Umrisslinien hinausfährst!

Hinweis:

Benutze einen spitzen Bleistift und ein Lineal.
Dein Partner arbeitet gleichzeitig an der gleichen Aufgabe.
Wenn ihr fertig seid, besprecht gemeinsam eure Arbeiten.

Hast du die Linien exakt eingezeichnet, bekommst du dafür 6 Punkte.
Sind deine Linien schief geworden oder gehen sie über die Umrisslinien hinaus, gibt es Abzüge. Einige dich mit deinem Partner über die Bewertung!

Erreicht: ☐ Punkte

Arbeitsblatt ○ **Geruchs- und Geschmackssinn**

Düfte erschnuppern

○ **Zeit:** 8 Minuten

Sozialform: Einzelarbeit

Aufgabe:

Hier findest du 6 Duftdosen und Abbildungskarten von den verwendeten Düften. Öffne eine Duftdose, rieche daran und ordne dem Duft die entsprechende Abbildungskarte zu.
Schreibe das Ergebnis deiner Duftprobe auf.

Hinweis:

Vergleiche deine Ergebnisse mit dem Lösungsblatt an der Lösungsstation!

1. _____

2. _____

3. _____

4. _____

5. _____

6. _____

Erreicht: ☐ Punkte

Lösung · **Geruchs- und Geschmackssinn**

③ Station **Düfte erschnuppern**

Hinweis:

Für jeden richtig erschnupperten Duft darfst du dir 1 Punkt geben.
Du kannst maximal 6 Punkte erreichen.

1. _____

2. _____

3. _____

4. _____

5. _____

6. _____

Arbeitsblatt ○ **Geruchs- und Geschmackssinn**

Station 3 Saftbar

Zeit: 8 Minuten

Sozialform: Einzelarbeit

Aufgabe:

Vertraue auf deinen Geschmack! Hier findest du verschiedene Obst- und Gemüsesäfte, die mit roter Lebensmittelfarbe eingefärbt sind. Probiere die Säfte und versuche, die Säfte einer Frucht oder einem Gemüse zuzuordnen. Schreibe deine Ergebnisse auf.

Hinweis:

Vergleiche deine Ergebnisse mit dem Lösungsblatt an der Lösungsstation!

1. _____

2. _____

3. _____

4. _____

5. _____

6. _____

Erreicht: ☐ Punkte

Portfoliomappe
Berufsfindung

Lösung Geruchs- und Geschmackssinn

Station 3: Saftbar

○ **Hinweis:**

Für jeden geschmacklichen Treffer darfst du dir 1 Punkt geben.
Du kannst maximal 6 Punkte erreichen.

1. _____

2. _____

3. _____

4. _____

5. _____

6. _____

Arbeitsblatt Tastsinn

Tast-Memory®

Zeit: 10 Minuten

Sozialform: Partnerarbeit

Aufgabe:

Memory® einmal anders: An dieser Station findet ihr zwei Stoffbeutel, in denen sich jeweils 6 Kartenpaare befinden, die mit verschiedenen Materialien beklebt sind. Ihr sollt nun versuchen, durch Ertasten gleiche Paare herauszufinden.

Spielablauf:

Einigt euch, wer beginnen soll! Demjenigen werden die Augen verbunden. Der Partner mischt nun alle Karten aus einem der beiden Stoffbeutel und legt sie aus. Dann gilt es innerhalb von zwei Minuten so viele Paare wie möglich zu finden.

Wer am Ende die meisten Punkte hat, gewinnt!

Hinweis:

Für jedes ertastete Paar gibt es 1 Punkt. Gelingt es euch, auch das Material auf den Karten richtig zu benennen, gibt es pro Paar einen Extrapunkt. Es können maximal 12 Punkte erreicht werden.

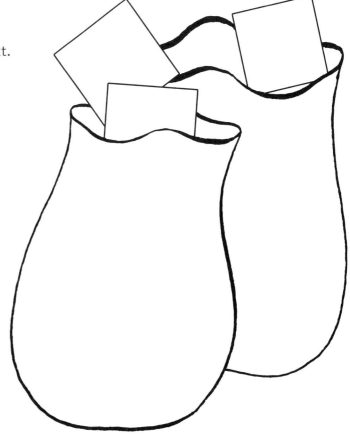

Erreicht: ☐ Punkte

Arbeitsblatt ○ **Tastsinn**

Station 4: Fingerspitzengefühl

○ **Zeit:** 10 Minuten

Sozialform: Partnerarbeit

Aufgabe:

An dieser Station wartet ein Handy auf dich.
Präge dir die Nummerierung der Tasten noch einmal genau ein.
Dann werden dir die Augen verbunden.

Dein Partner notiert sich auf einem Zettel eine achtstellige Ziffernfolge,
die er dir anschließend diktiert. Du wählst Ziffer für Ziffer auf dem Handy mit.

Vergleicht dann die Ziffern auf dem Zettel mit denen auf dem Display
des Handys. Tauscht dann die Rollen!

Hinweis:

Für jede richtig eingetippte Ziffer gibt es 1 Punkt.
Es können maximal 8 Punkte erreicht werden.

Erreicht: ☐ Punkte

Arbeitsblatt ○ **Hörwahrnehmung**

Hör-Memory®

Zeit: 10 Minuten

Sozialform: Partnerarbeit

Aufgabe:

Memory® einmal anders: In den 16 Filmdosen befinden sich unterschiedliche Materialien. Spielt nun mit diesen Dosen Memory®.

Spielablauf:

Jeder Spieler darf immer zwei Dosen nehmen und schütteln. Meint er, dass sie den gleichen Inhalt enthalten, darf er sie umdrehen und vergleichen. Hat er richtig gelegen, bekommt er das Pärchen und darf weiterspielen. War sein Tipp falsch, werden die Dosen zurückgestellt, und der nächste Spieler ist an der Reihe. Wer die meisten Pärchen hat, hat gewonnen.

Hinweis:

Für jedes Paar gibt es 1 Punkt.
Es können maximal 8 Punkte erreicht werden.

Erreicht: ☐ Punkte

Arbeitsblatt **Hörwahrnehmung**

Station 5 — Bandgeräusche

Zeit: 10 Minuten

Sozialform: Einzelarbeit

Aufgabe:

Setze die Kopfhörer auf und schalte den CD-Player ein.
Du hörst nacheinander 6 unterschiedliche Geräusche.
Schreibe mit, um welche Geräusche es sich dabei handelt!

Hinweis:

Vergleiche anschließend deine Ergebnisse mit dem
Lösungsblatt an der Lösungsstation!

1. _____

2. _____

3. _____

4. _____

5. _____

6. _____

Erreicht: ☐ Punkte

Lösung ✓ **Hörwahrnehmung**

Station 5: Bandgeräusche

Hinweis:

Für jedes richtig erkannte Geräusch erhältst du 1 Punkt.
Du kannst maximal 6 Punkte erreichen.

1. _____

2. _____

3. _____

4. _____

5. _____

6. _____

Portfoliomappe
Berufsfindung

Arbeitsblatt **Konzentrationsfähigkeit**

Figuren zeichnen

Zeit: 10 Minuten

Sozialform: Einzelarbeit

Aufgabe:

Zeichne die Figuren möglichst genau und ohne Lineal spiegelverkehrt nach. Als Hilfe dienen dir die Punkte.

Beispiel:

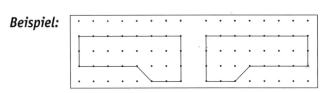

Hinweis:

Kontrolliere deine Zeichnungen an der Lösungsstation!

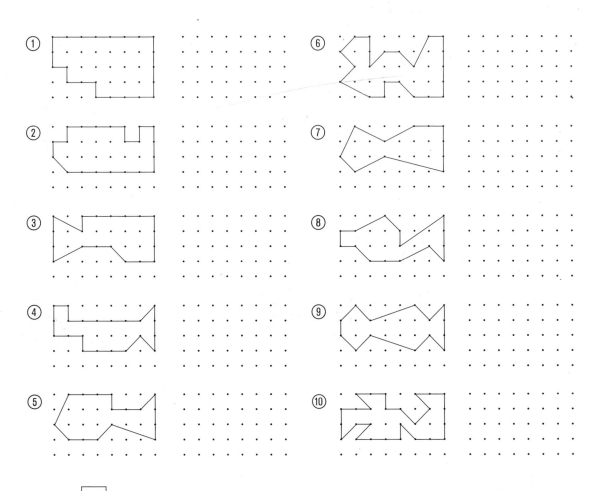

Erreicht: ☐ Punkte

Lösung ✓ **Konzentrationsfähigkeit**

Figuren zeichnen

○ **Hinweis:**

Lege das Lösungsblatt unter dein Aufgabenblatt.
Die richtigen Lösungen scheinen bei Licht durch.
So kannst du deine Arbeit auf Richtigkeit und Genauigkeit kontrollieren.

Für jede exakt nachgezeichnete Figur darfst du dir 2 Punkte geben.
Du kannst maximal 20 Punkte erreichen.

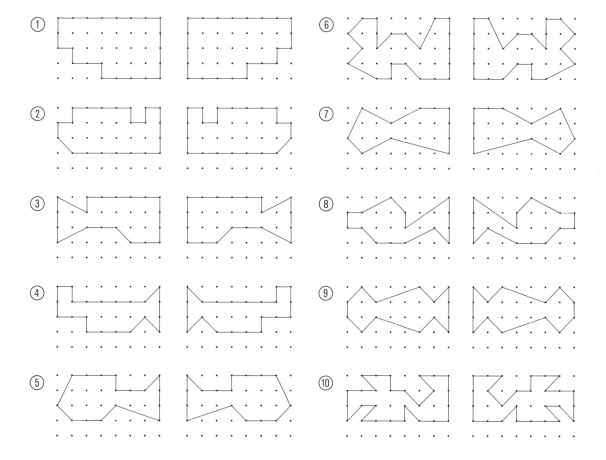

Portfoliomappe
Berufsfindung

Arbeitsblatt   Konzentrationsfähigkeit

Symbolrechnen

Zeit: 10 Minuten

Sozialform: Einzelarbeit

Aufgabe:

Bei den folgenden einfachen Rechnungen sind die Zahlen durch Symbole ersetzt. Welche Symbole für einzelne Zahlen stehen, verrät dir die folgende Reihe:

Hinweis:

Vergleiche deine Rechenergebnisse mit dem Lösungsblatt an der Lösungsstation!

Achte auf die unterschiedlichen Rechenzeichen!

◇ + ◻ =   ◻ · △ =

✚ − ☐ =   ▱ + ◇ =

◻ : △ =   ⬠ · ✚ =

◯ + ⬡ =   ▱ + ⬠ =

◿ · △ =   ◯ − ☐ =

Erreicht: ☐ Punkte

Symbolrechnen

Hinweis:

Für jede richtige Lösung erhältst du 1 Punkt.
Du kannst maximal 10 Punkte erreichen.

◇ + ▢ = 15   ▢ · △ = 18

✚ − □ = 5   ▱ + ◇ = 16

▢ : △ = 2   ⬠ · ✚ = 110

○ + ⬡ = 27   ▱ + ⬠ = 18

◣ · △ = 24   ○ − □ = 7

Arbeitsblatt ○ **Konzentrationsfähigkeit**

Zahlensuche

Zeit: 5 Minuten

Sozialform: Einzelarbeit

Aufgabe:

In dem folgenden Zahlenblock ist **10-mal** die Zahl **3399** versteckt. Markiere sie mit einem Textmarker! Du hast genau **2 Minuten** Zeit! Stopp die Zeit mit der Uhr!

Hinweis:

Vergleiche dein Ergebnis mit dem Lösungsblatt an der Lösungsstation!

9247563399384639713869047699833947341875454339398593
3902419485793869339838899365531409586504860339911 76
3599673496998346823399894671786671199930339902919339
3393339733318399243399052939520890327897189369927949
7641278946912876419933892467190248133930418339924039
9908120948910490183349917498339391201972986234789 12
6432379894612936991867541939323856378561893563399278
3393619847168617863393921785267233993124889399070895
4734635399262782829205083672512412399415491238938672
9933386733985972896903399245679933998193932385637856

Erreicht: ☐ Punkte

Lösung **Konzentrationsfähigkeit**

Zahlensuche

○ **Hinweis:**

Für jede aufgespürte Zahl erhältst du 1 Punkt.
Du kannst maximal 10 Punkte erreichen.

924756**3399**3846397138690476998339473418754454339398593
39024194857938693398388993655314095865048603**3399**1176
359967349699834682**3399**894671786671199930**3399**02919339
339333973331839924**3399**05293952089032789718936992794 9
76412789469128764199338924671902481339304183**3399**24039
990812094891084901833499174983393912019729862347891 2
6432379894612936991867541939323856378561893566**3399**278
339361984716861786339392178526723**3399**3124889399070895
473463539926278282920508367251241239941549123893867 2
993338673398597289690**3399**2456799**3399**8193932385637856

Arbeitsblatt · **Konzentrationsfähigkeit**

Vertauschte Zeichen

Zeit: 10 Minuten

Sozialform: Einzelarbeit

Aufgabe:

Die folgenden Rechnungen sind eigentlich ganz einfach.
Du musst allerdings berücksichtigen, dass die Rechenzeichen
eine andere Bedeutung haben als üblich. Im ersten Block ist zum Beispiel
das Plus kein Plus, sondern ein Minus, das Minus ist dagegen ein Mal.

Hinweis:

Vergleiche anschließend deine Rechenergebnisse mit dem
Lösungsblatt an der Lösungsstation!

| + = − |
| − = · |

1) (12 + 6) − 2 = _____

2) 10 − 2 + 9 = _____

3) 3 − 3 + 1 = _____

4) 8 − 4 + 12 = _____

5) (7 + 1) − 3 = _____

6) 8 − 6 + 7 = _____

| + = · |
| − = : |
| : = + |

1) 3 + 3 − 3 = _____

2) (4 : 2) − 2 = _____

3) (4 : 2) + 4 = _____

4) 6 − 3 : 3 = _____

5) 9 + 7 : 7 = _____

6) 16 − 4 + 8 = _____

Erreicht: ☐ Punkte

Lösung ✓ Konzentrationsfähigkeit

Vertauschte Zeichen

○ **Hinweis:**

Für jede richtige Lösung erhältst du 1 Punkt.
Du kannst maximal 12 Punkte erreichen.

+	=	−
−	=	•

1) (12 − 6) • 2 = __12__
2) 10 • 2 − 9   = __11__
3) 3 • 3 − 1 = __8__
4) 8 • 4 − 12   = __20__
5) (7 − 1) • 3 = __18__
6) 8 • 6 − 7 = __41__

+	=	•
−	=	:
:	=	+

1) 3 • 3 : 3 = __3__
2) (4 + 2) : 2 = __3__
3) (4 + 2) • 4 = __24__
4) 6 : 3 + 3   = __5__
5) 9 • 7 + 7   = __70__
6) 16 : 4 • 8   = __32__

Arbeitsblatt ○ **Kreative Fähigkeiten**

(7) Ziegelstein

○ **Zeit:** 10 Minuten

Sozialform: Einzelarbeit

Aufgabe:

Was kann man alles mit einem Ziegelstein machen, außer damit Häuser zu bauen? Schreibe möglichst viele verschiedene Verwendungsmöglichkeiten auf.
Du hast **5 Minuten** Zeit! Stopp die Zeit mit der Uhr!

Hinweis:

Lösungsvorschläge, die man nicht nur mit einem Ziegelstein, sondern auch mit jedem beliebigen anderen Gegenstand machen kann, also beispielsweise (weg-)werfen, kaputt machen, anmalen usw., zählen nicht.

Vergleiche deine Ideen mit dem Lösungsblatt an der Lösungsstation!

Einen Ziegelstein kann ich verwenden ...

Maximal: 15 Punkte

Erreicht: ☐ Punkte

Lösung ✓ **Kreative Fähigkeiten**

Station 7: Ziegelstein

○ **Hinweis:**

Bei dieser Aufgabe ging es um viele und ungewöhnliche Lösungen, also um die Menge und Originalität deiner Ideen. Du kannst maximal 15 Punkte erreichen.

Menge:

Jeder der von dir genannten Verwendungen für einen Ziegelstein gibt 1 Punkt.

Originalität:

Für jeden Einfall, den du in der Liste **nicht** wieder findest, bekommst du 1 Originalitätspunkt.

Einen Ziegelstein kann ich verwenden …

als Briefbeschwerer

für Karateübungen

als Buchstütze

als Sitzgelegenheit

als Tischbein

als Stiftehalter

als Türstopper

als Bettwärmer

Arbeitsblatt ○ **Kreative Fähigkeiten**

Vornamen

Zeit: 5 Minuten

Sozialform: Einzelarbeit

Aufgabe:

Schreibe möglichst viele weibliche Vornamen auf,
die mit dem Buchstaben „e" enden.
Du hast **3 Minuten** Zeit! Stopp die Zeit mit der Uhr!

Hinweis:

Bei dieser Aufgabe geht es nur um die Ideenmenge.
Für jeden notierten Vornamen, der mit einem „e" endet,
darfst du dir 1 Punkt geben.

_____

_____

_____

_____

_____

_____

_____

_____

Maximal: **15** Punkte

Erreicht: ☐ Punkte

Arbeitsblatt ○ **Kreative Fähigkeiten**

Geburtstagsgeschenk

Zeit: 5 Minuten

Sozialform: Einzelarbeit

Aufgabe:

Dein bester Freund feiert seinen Geburtstag,
aber leider ist deine Brieftasche leer.
Welche **Geschenke**, die nichts kosten, fallen dir ein?
Du hast **3 Minuten** Zeit! Stopp die Zeit mit der Uhr!

Hinweis:

Vergleiche deine Ergebnisse mit dem Lösungsblatt
an der Lösungsstation!

_____

_____

_____

_____

_____

_____

_____

Maximal: 15 Punkte

Erreicht: ☐ Punkte

Portfoliomappe
Berufsfindung

Lösung ✓ Kreative Fähigkeiten

Geburtstagsgeschenk

Hinweis:

Bei dieser Aufgabe ging es um viele und ungewöhnliche Geschenkideen, also um die Menge und die Originalität deiner Ideen.
Du kannst maximal 15 Punkte erreichen.

Menge:

Für jede sinnvolle Geschenkidee bekommst du 1 Punkt.

Originalität:

Für alle Ideen, die in dieser Liste nicht auftauchen, gibt es 1 Originalitätspunkt.

- ein Gutschein für einen DVD-Abend mit Freunden
- ein bunter Strauß selbst gepflückter Blumen
- ein selbstverfasstes Gedicht
- ein selbstgemaltes Bild
- einen Kuchen backen
- ein persönliches Fotoalbum gestalten
- eine Überraschungsparty organisieren
- eine selbst zusammengestellte Musik-CD

Arbeitsblatt ○ **Kreative Fähigkeiten**

Wortbilder

Zeit: 15 Minuten

Sozialform: Einzelarbeit

Aufgabe:

Schreibe möglichst viele **Substantive** so auf, dass ihre Bedeutung aus der Wortgestalt sichtbar wird. Du hast **10 Minuten** Zeit! Stopp die Zeit mit der Uhr!

Beispiele: B^{ER}G   GR_UBE

Hinweis:

Vergleiche deine Wortbilder mit dem Lösungsblatt an der Lösungsstation!

Maximal: 15 Punkte   Erreicht: ☐ Punkte

Portfoliomappe
Berufsfindung

Lösung — Kreative Fähigkeiten

Wortbilder

○ **Hinweis:**

Bei dieser Aufgabe wird bewertet, wie viele Ideen du hattest und ob du auf außergewöhnliche Lösungsvorschläge gekommen bist. Du kannst maximal 15 Punkte erreichen.

Menge:

Für jede deiner Darstellungen, bei denen das Wortbild die Bedeutung des Substantivs wiederspiegelt, bekommst du 1 Punkt.
Andere Wortarten, wie Verben oder Adjektive (rund, eckig), gelten nicht.

Originalität:

Für jedes Wortbild, das du unten **nicht** wiederfindest, bekommst du 1 Originalitätspunkt.

Arbeitsblatt **Logisches Denken**

Sprachanalogien

Zeit: 8 Minunten

Sozialform: Einzelarbeit

Aufgabe:

Wähle unter den vier Möglichkeiten jenes Wort aus, das die Gleichung sinnvoll ergänzt.

Beispiel:
Voll verhält sich zu **leer** wie **lustig** zu **traurig**.
In diesem Beispiel geht es um Gegensätze!
Aber das ist nicht bei allen Gleichungen der Fall.

Hinweis:

Vergleiche deine Ergebnisse mit dem Lösungsblatt an der Lösungsstation!

1) Traube : Wein = Pollen : ?
   - ☐ Marmelade
   - ☐ Blütenstaub
   - ☐ Honig
   - ☐ Biene

2) finden : verlieren = erinnern : ?
   - ☐ verschweigen
   - ☐ nachdenken
   - ☐ überlegen
   - ☐ vergessen

3) Schiff : fahren = Flugzeug : ?
   - ☐ fliegen
   - ☐ Meer
   - ☐ starten
   - ☐ Himmel

4) Gebirge : Stein = Ozean : ?
   - ☐ Meer
   - ☐ See
   - ☐ Fluss
   - ☐ Wasser

5) Quadrat : Würfel = Kreis : ?
   - ☐ Zylinder
   - ☐ Kugel
   - ☐ Kegel
   - ☐ Dreieck

6) Wind : Sturm = reden : ?
   - ☐ singen
   - ☐ klagen
   - ☐ tanzen
   - ☐ brüllen

Erreicht: ☐ Punkte

Lösung ✓ Logisches Denken

Station 8: Sprachanalogien

○ **Hinweis:**

Für jede richtig ergänzte Gleichung darfst du dir 1 Punkt geben.
Du kannst maximal 6 Punkte erreichen.

1) Traube : Wein = Pollen : ?
   - ☐ Marmelade
   - ☐ Blütenstaub
   - ☒ **Honig**
   - ☐ Biene

2) finden : verlieren = erinnern : ?
   - ☐ verschweigen
   - ☐ nachdenken
   - ☐ überlegen
   - ☒ **vergessen**

3) Schiff : fahren = Flugzeug : ?
   - ☒ **fliegen**
   - ☐ Meer
   - ☐ starten
   - ☐ Himmel

4) Gebirge : Stein = Ozean : ?
   - ☐ Meer
   - ☐ See
   - ☐ Fluss
   - ☒ **Wasser**

5) Quadrat : Würfel = Kreis : ?
   - ☐ Zylinder
   - ☒ **Kugel**
   - ☐ Kegel
   - ☐ Dreieck

6) Wind : Sturm = reden : ?
   - ☐ singen
   - ☐ klagen
   - ☐ tanzen
   - ☒ **brüllen**

Arbeitsblatt — **Logisches Denken**

Station 8: Verwandte finden

Zeit: 8 Minuten

Sozialform: Einzelarbeit

Aufgabe:

Finde die verwandtschaftliche Beziehung heraus, die in der Aufgabe umschrieben wird.

Hinweis:

Vergleiche deine Ergebnisse mit dem Lösungsblatt an der Lösungsstation!

1) Er ist nicht mein Bruder, aber der Sohn des Bruders meines Vaters.

   ☐ Onkel
   ☐ Vater
   ☐ Neffe
   ☐ Cousin

2) Sie sagt: „Sie ist nicht meine Schwester und doch die Tochter meines Vaters."

   ☐ Cousin
   ☐ Neffe
   ☐ Schwager
   ☐ Sie selbst

3) Der Vater dieser Frau ist der Schwiegervater meines Vaters. Wer ist die Frau?

   ☐ Schwester
   ☐ Tante
   ☐ Mutter
   ☐ Cousine

4) Der Mann dieser Frau ist der Vater meines Neffen. Wer ist der Mann?

   ☐ Vater oder Schwiegervater
   ☐ Cousin
   ☐ Schwager oder Bruder
   ☐ Onkel

5) Der Sohn meines Onkels ist der ... meines Bruders.

   ☐ Neffe
   ☐ Cousin
   ☐ Schwager
   ☐ Bruder

6) Eine Mutter hat 7 Töchter. Jede Tochter hat einen Bruder. Wie viele Kinder hat die Mutter?

   ☐ Zwölf
   ☐ Vierzehn
   ☐ Achtzehn
   ☐ Acht

Erreicht: ☐ Punkte

Portfoliomappe Berufsfindung

Lösung — Logisches Denken

Station 8 — Verwandte finden

○ **Hinweis:**

Für jede richtige Lösung darfst du dir 2 Punkte geben.
Du kannst maximal 12 Punkte erreichen.

1) ☐ Onkel
   ☐ Vater
   ☐ Neffe
   ☒ **Cousin**

   Der Sohn des Bruders meines Vaters ist mein Cousin.

4) ☐ Vater oder Schwiegervater
   ☐ Cousin
   ☒ **Schwager oder Bruder**
   ☐ Onkel

   Der Vater meines Neffen ist entweder mein Bruder oder der Mann meiner Schwester, also mein Schwager.

2) ☐ Cousin
   ☐ Neffe
   ☐ Schwager
   ☒ **Sie selbst**

   Wenn jemand von der Tochter seines Vaters spricht, kann sie nur sich selbst meinen, wenn sie seine Schwester ausschließt.

5) ☐ Neffe
   ☒ **Cousin**
   ☐ Schwager
   ☐ Bruder

   Der Sohn meines Onkels ist der Cousin meines Bruders.

3) ☐ Schwester
   ☐ Tante
   ☒ **Mutter**
   ☐ Cousine

   Der Schwiegervater meines Vaters ist der Vater meiner Mutter.

6) ☐ Zwölf
   ☐ Vierzehn
   ☐ Achtzehn
   ☒ **Acht**

   Der einzige Sohn der Mutter ist der einzige Bruder der 7 Töchter.

Arbeitsblatt · **Logisches Denken**

Logische Reihen

Zeit: 15 Minuten

Sozialform: Einzelarbeit

Aufgabe:

Um diese Aufgabe zu lösen, musst du gut kombinieren. Die Zahlen- bzw. Buchstabenreihen sind logisch aufgebaut. **Vervollständige sie!**

Beispiel:

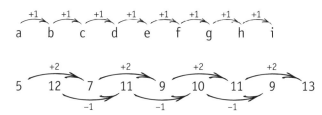

Hinweis:

Wenn du in einer Reihe nicht weiterkommst, lass sie aus und beginne mit der nächsten. Die einfachsten Aufgaben sind die Reihen 1, 3, 5, 7, 8, 10.

Vergleiche deine Ergebnisse mit dem Lösungsblatt an der Lösungsstation!

1)	4	6	8	10	12	____	____	
2)	1	2	4	7	11	____	____	
3)	3	6	9	12	15	____	____	
4)	a	c	f	j	o	____		
5)	2	4	7	11	16	____	____	
6)	52	48	44	40	36	____	____	
7)	1	5	2	6	3	7	4	____ ____
8)	z	y	x	w	v	u	____	____
9)	2	3	4	6	6	9	8	____ ____
10)	a	h	b	i	c	j	d	____ ____
11)	2	e	4	f	8	g	16	h ____ ____
12)	B	1	e	C	3	g	D	5 i ____ ____ ____

Erreicht: ☐ Punkte

Station 8: Logische Reihen

Lösung — Logisches Denken

Hinweis:

Für jede richtig ergänzte Reihe erhältst du 1 Punkt.
Du kannst maximal 12 Punkte erreichen.

1) 4 6 8 10 12 **14** **16**
   +2 +2 +2 +2 +2 +2

2) 1 2 4 7 11 **16** **22**
   +1 +2 +3 +4 +5 +6

3) 3 6 9 12 15 **18** **21**
   +3 +3 +3 +3 +3 +3

4) a c f j o **u**
   b de ghi klmn pqrst

5) 2 4 7 11 16 **22** **29**
   +2 +3 +4 +5 +6 +7

6) 52 48 44 40 36 **32** **28**
   −4 −4 −4 −4 −4 −4

7) 1 5 2 6 3 7 4 **8** **5**
   (+1 zwischen 1→2→3→4; +1 zwischen 5→6→7→8)

8) z y x w v u **t** **s**
   Alphabet rückwärts

9) 2 3 4 6 6 9 8 **12** **10**
   (+2 und +3 abwechselnd)

10) a b c d **e**
    h i j **k**

11) 2 e 4 f 8 g 16 h **32** **i**
    ·2 ·2 ·2 ·2

12) B   C   D   **E**   **7**
    1   3   5   **k**
    e   g   i

Arbeitsblatt — **Logisches Denken**

Station 8 — Uhrzeiten

Zeit: 10 Minuten

Sozialform: Einzelarbeit

Aufgabe:

In jeder Reihe zeigen vier Uhren die Zeit an. Von jeder Uhr zur nächsten ist die gleiche Zeit vergangen.
Auf der vierten Uhr sind allerdings die Zeiger verschwunden.
Wie spät ist es da? Zeichne die Zeiger ein!

Beispiel:

Es sind jeweils 5 Minuten vergangen.

Hinweis: Vergleiche deine Ergebnisse mit dem Lösungsblatt an der Lösungsstation!

Erreicht: ☐ Punkte

Lösung Logisches Denken

Station 8 — Uhrzeiten

Hinweis:

Für jede richtig eingezeichnete Uhrzeit darfst du dir 2 Punkte geben.
Du kannst maximal 6 Punkte erreichen.

Es sind jeweils 15 Minuten vergangen.

Es sind jeweils 1 Stunde und 20 Minuten vergangen.

Es sind jeweils 11 Stunden und 25 Minuten vergangen.

Arbeitsblatt ○ **Merkfähigkeit**

Formen wiedergeben

○ **Zeit:** 20 Minuten

Sozialform: Partnerarbeit

Aufgabe:

Ihr sollt in kurzer Zeit **drei Zeichenmuster** aus eurem Gedächtnis abrufen und nachzeichnen.

So geht ihr vor:

1. Dein Partner nimmt die **Vorlage A** zur Hand. Darauf sind drei Zeichenmuster abgebildet. Er deckt mit einem leeren Blatt zwei Abbildungen ab und zeigt dir ein Zeichenmuster etwa 20 Sekunden lang. Versuche, dir das gezeigte Muster einzuprägen!

2. Lege eine kurze Pause ein.

3. Zeichne dann das Muster aus dem Gedächtnis wieder auf.

4. Wiederholt das Gleiche mit den weiteren zwei Abbildungen.

5. Vergleiche deine Zeichnungen mit der Vorlage. Sprich mit deinem Partner darüber, wie dir deine Zeichnungen gelungen sind. Für eine **exakte Nachzeichnung** gibt es **2 Punkte**. Für eine gut gelungene Nachzeichnung gibt es 1 Punkt. Hat dein Zeichenmuster keine Ähnlichkeit mit der Vorlage, gibt es keine Punkte!

6. Partnertausch! Jetzt ist dein Partner mit dem Einprägen der Zeichenmuster an der Reihe. Nimm dafür die **Vorlage B** zur Hand.

Muster 1

Muster 2

Muster 3

Maximal: 6 Punkte   Erreicht: ☐ Punkte

Formen wiedergeben

Vorlage A

Muster 1

Muster 2

Muster 3

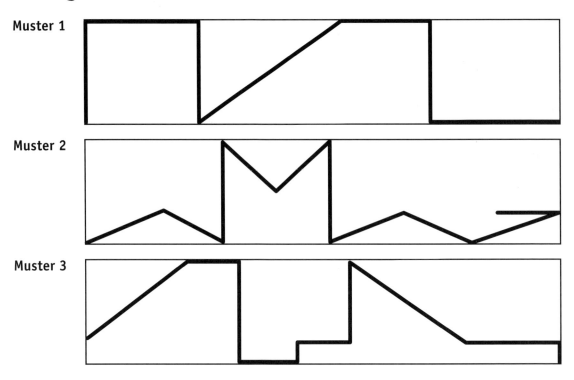

Vorlage B

Muster 1

Muster 2

Muster 3

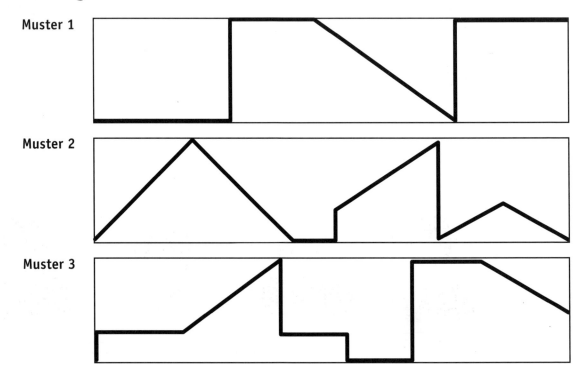

Arbeitsblatt ○ **Merkfähigkeit**

Gesichter und Namen

Zeit: 10 Minuten

Sozialform: Einzelarbeit

Aufgabe:

Du sollst dir innerhalb kürzester Zeit Gesicht, Namen und Beruf der abgebildeten Personen einprägen.

So gehst du vor:

1. Nimm die Vorlage **Gesichter und Namen** (S. 74) zur Hand. Betrachte die Gesichter genau und präge dir die **Namen** und die **Berufe** der abgebildeten Personen gut ein! Dazu hast du **3 Minuten** Zeit. Stopp die Zeit mit der Uhr!

2. Drehe dann das Blatt um und mache eine Minute Pause.

3. Trage auf dem Arbeitsblatt zu jedem Bild den Namen und Beruf der Person ein.

4. Vergleiche deine Ergebnisse mit der Vorlage. Für jede richtige Zuordnung (Name oder Beruf) darfst du dir 1 Punkt geben. Du kannst maximal 16 Punkte erreichen.

_____   _____   _____   _____

_____   _____   _____   _____

_____   _____   _____   _____

_____   _____   _____   _____

Erreicht: ☐ Punkte

Vorlage • **Merkfähigkeit**

Station 9 Gesichter und Namen

Name: **Amina Arslan**
Beruf: **Floristin**

Name: **Heinz Herzog**
Beruf: **Bankangestellter**

Name: **Luise Leber**
Beruf: **Schneiderin**

Name: **Sebastian Seiler**
Beruf: **Lehrer**

Name: **Vera Vollmann**
Beruf: **Ärztin**

Name: **Giovanni Grandi**
Beruf: **Apotheker**

Name: **Deniz Demir**
Beruf: **Ingenieur**

Name: **Ulrike Uhrmann**
Beruf: **Grafikerin**

Arbeitsblatt ○ **Merkfähigkeit**

Notizzettel

○ **Zeit:** 10 Minuten

Sozialform: Einzelarbeit

Aufgabe:

In den verschiedensten Berufen musst du dir Zahlen, Maße, Termine und vieles mehr merken. Ob dir so etwas liegt, kannst du an dieser Station testen.

So gehst du vor:

1. Auf der „Pinnwand" der Vorlage von Seite 76 findest du **10 Notizzettel** mit Zahlen. Präge sie dir genau ein. Nimm dir dazu **2 Minuten** Zeit! Stopp die Zeit mit der Uhr!

2. Drehe nach 2 Minuten die Vorlage um und mache eine kurze Pause.

3. Schreibe in die leeren Notizzettel auf dieser Seite alle Zahlen, die du dir merken konntest.

4. Überprüfe deine Ergebnisse mit der Vorlage. Für jede richtige Notiz erhältst du 1 Punkt. Du kannst maximal 10 Punkte erreichen.

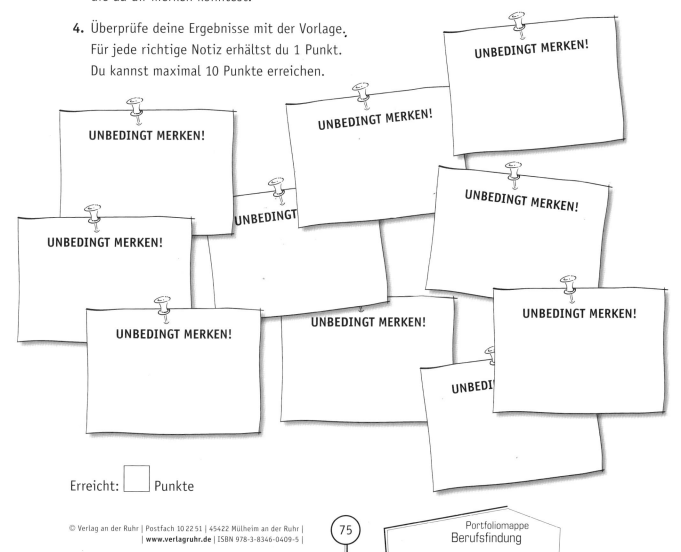

Erreicht: ☐ Punkte

9 Notizzettel

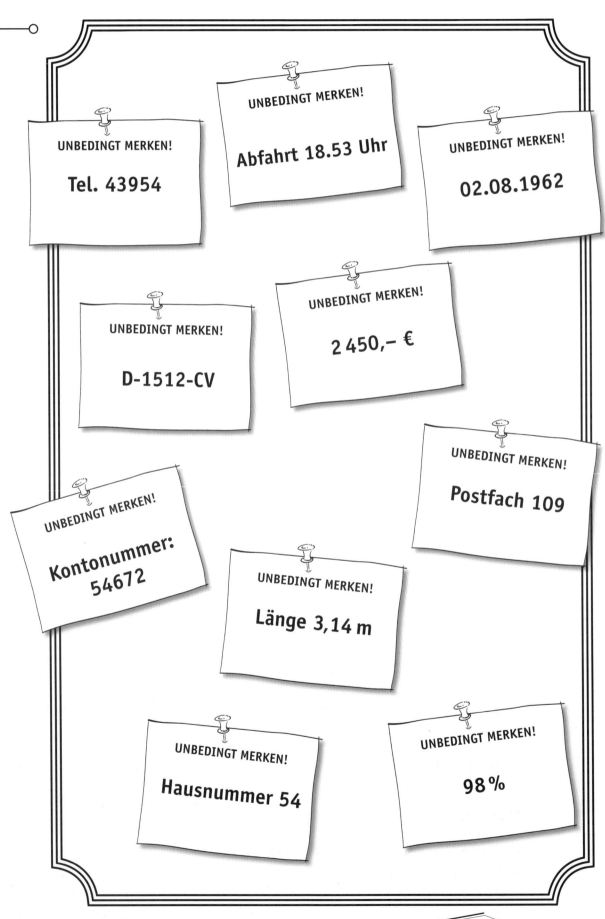

Arbeitsblatt Merkfähigkeit

Speisekarte

Zeit: 10 Minuten

Sozialform: Einzelarbeit

Aufgabe 1:

Mitarbeiter im Gastgewerbe müssen sich viel merken:
Speisen, Getränke, Preise, besondere Wünsche ihrer Gäste und so weiter.
Ob dir das auch gelingt, kannst du an dieser Station testen.

So gehst du vor:

1. Nimm die Vorlage **Speisekarte** (S. 78).
   Präge dir die Speisen, Getränke und deren Preise gut ein.
   Du hast **2 Minuten** Zeit. Stopp die Zeit mit der Uhr!
2. Drehe dann die Speisekarte um und mache eine kurze Pause.
3. Was stand auf der Speisekarte? Kreuze in der Vergleichstabelle die richtige Lösung an:

	teurer	billiger	
Die Kartoffelsuppe ist			als die Tomatensuppe mit Reis.
Die Große Bauernpfanne ist			als das Putenschnitzel.
Die Apfelschorle ist			als das Mineralwasser.
Das Zanderfilet ist			als die Spagetti.
Der Apfelstrudel ist			als die Rote Grütze mit Vanilleeis.

Erreicht: ☐ Punkte

Aufgabe 2:

Hast du die Preise noch im Kopf?
Frau Schlemmer und Herr Gourmet haben sich zu einem
gemeinsamen Mittagessen verabredet.
Rechne aus, wie viel jeder der beiden Gäste zahlt.

Frau Schlemmer speist eine **Kartoffelsuppe** und ein **Putenschnitzel**.

Sie bezahlt dafür _____ Euro.

Herr Gourmet isst ein **Zanderfilet** und einen **Apfelstrudel**.

Er bezahlt dafür _____ Euro.

Hinweis:

Vergleiche deine Ergebnisse mit dem Lösungsblatt
an der Lösungsstation!

Erreicht: ☐ Punkte

Vorlage • Merkfähigkeit

Station 9: Speisekarte

SPEISEKARTE

Kartoffelsuppe	3,50 €
Tomatensuppe	4,00 €
Putenschnitzel mit Gemüse	9,00 €
Große Bauernpfanne	8,00 €
Zanderfilet mit Salzkartoffeln	12,00 €
Spagetti mit Meeresfrüchten	11,00 €
Rote Grütze mit Vanilleeis	3,00 €
Apfelstrudel mit Sahne	2,50 €
Mineralwasser	1,50 €
Apfelschorle	2,50 €

Lösung ✓ Merkfähigkeit

Station 9: Speisekarte

○ **Aufgabe 1:**

Für jede richtige Antwort darfst du dir 2 Punkte geben.
Du kannst maximal 10 Punkte erreichen.

	teurer	billiger	
Die Kartoffelsuppe ist		✗	als die Tomatensuppe mit Reis.
Die Große Bauernpfanne ist		✗	als das Putenschnitzel.
Die Apfelschorle ist	✗		als das Mineralwasser.
Das Zanderfilet ist	✗		als die Spagetti.
Der Apfelstrudel ist		✗	als die Rote Grütze mit Vanilleeis.

Aufgabe 2:

Für jede richtige Rechnung gibt es 3 Punkte.
Du kannst maximal 6 Punkte erreichen.

Frau Schlemmer speist eine **Kartoffelsuppe** und ein **Putenschnitzel**.

Sie bezahlt dafür ___**12,-**___ Euro.

Herr Gourmet isst ein **Zanderfilet** und einen **Apfelstrudel**.

Er bezahlt dafür ___**14,80**___ Euro.

Portfoliomappe
Berufsfindung

Arbeitsblatt Auge-Hand-Koordination

Figuren aus Draht 1/2

Zeit: 20 Minuten

Sozialform: Einzelarbeit

Aufgabe 1:

Biege den circa 25 cm langen Draht nach der Vorlage **Figuren aus Draht 1/2** (S. 81). Verwende dazu die Flachzange!

Hinweis:

Wenn du fertig bist, lege deine Arbeit über die Vorlage und zeichne sie mit einem Buntstift nach. So kannst du sehen, ob du genau gearbeitet hast.

Für eine **exakte Nachbildung** darfst du dir **6 Punkte** geben.
Für eine **gute Nachbildung** darfst du dir **3 Punkte** geben.
Stimmt deine Nachbildung nicht mit der Vorlage überein, gibt es keine Punkte.

Erreicht: ☐ Punkte

Figuren aus Draht 2/2

Zeit: 20 Minuten

Sozialform: Einzelarbeit

Aufgabe 2:

Biege den circa 90 cm langen Draht zu der Figur nach der Vorlage **Figuren aus Draht 2/2** (S. 81). Verwende dazu die Rundzange!

Hinweis:

Sprich mit deinem Partner über deine Arbeit.
Für eine **exakt gelungene Nachbildung** bekommst du **10 Punkte**.
Für eine **gut gelungene Nachbildung** bekommst du **5 Punkte**.
Ist dir die Nachbildung überhaupt nicht geglückt, gibt es keine Punkte.

Erreicht: ☐ Punkte

Vorlage • Auge-Hand-Koordination

Figuren aus Draht 1/2

○ Vorlage zu Aufgabe 1

Figuren aus Draht 2/2

Vorlage zu Aufgabe 2

Arbeitsblatt Auge-Hand-Koordination

Labyrinth

Zeit: 8 Minuten

Sozialform: Partnerarbeit

Aufgabe:

Zeichne mit einem gespitzten Bleistift den Weg durch das Labyrinth vom Start bis ins Ziel. Setze dabei möglichst nie ab und achte darauf, dass du zwischen den Linien nicht aneckst.
Das Blatt darf nicht gedreht werden! Arbeite zügig, aber genau!
Dein Partner arbeitet gleichzeitig an seinem Aufgabenblatt.

Hinweis:

Dein Partner überprüft deine Arbeit. Wenn du bis ins Ziel kommst, ohne eine Linie zu berühren, erhältst du 8 Punkte.
Für jede Berührung muss dir dein Partner 1 Punkt abziehen.

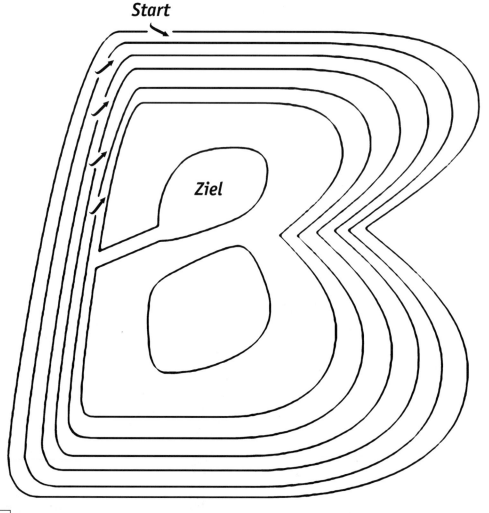

Erreicht: ☐ Punkte

Arbeitsblatt ○ **Auge-Hand-Koordination**

Drehwurm

○ **Zeit:** 10 Minuten

Sozialform: Partnerarbeit

Aufgabe:

Vor dir steht ein Becher mit 20 Schrauben und 20 Muttern.
Schütte den ganzen Inhalt des Bechers auf den Tisch.
Du hast nun **2 Minuten** Zeit, möglichst viele Muttern auf die Schrauben zu drehen.
Dein Partner stoppt die Zeit. Wenn du fertig bist, löse die Muttern
von den Schrauben und gib alles wieder in den Becher zurück.

Hinweis:

Zähle nach, wie viele Muttern du auf die Schrauben drehen konntest.
Für jede Schraube, auf die du eine Mutter gedreht hast,
gibt es 1 Punkt. Du kannst maximal 10 Punkte erreichen.

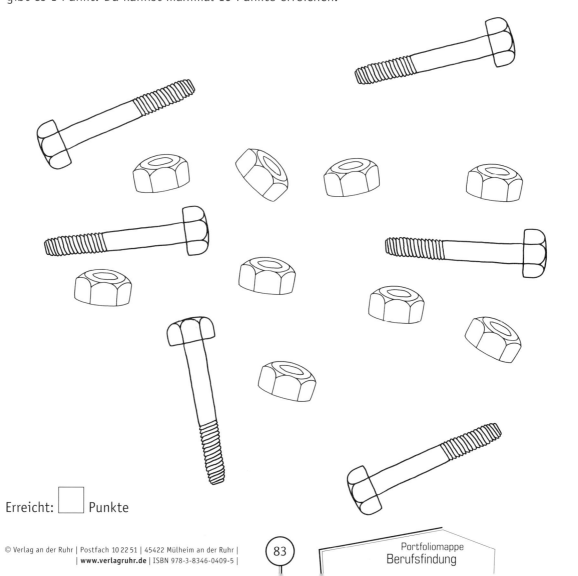

Erreicht: ☐ Punkte

Arbeitsblatt · **Auge-Hand-Koordination**

Station 10: Maßstabsgetreu kopieren

Zeit: 10 Minuten

Sozialform: Partnerarbeit

Aufgabe:

Kopiere mit einem Bleistift maßstabsgetreu die Wörter **Tal, Beruf** und **Orientierung** sowie die beiden **Zeichnungen** in die leeren Kästchen darunter! Du darfst kein Lineal verwenden! Dein Partner arbeitet gleichzeitig an seinem Aufgabenblatt.

Hinweis:

Vergleiche deine Ergebnisse mit dem Lösungsblatt an der Lösungsstation und mit den Ergebnissen deines Partners!

Beispiel: V V

TAL

BERUF

ORIENTIERUNG

Erreicht: ☐ Punkte

Portfoliomappe Berufsfindung

Lösung ✓ Auge-Hand-Koordination

Maßstabsgetreu kopieren

○ **Hinweis:**

Wenn du die Worte und Zeichnungen **regelmäßig vergrößerst** und das jeweilige **Feld gut ausgefüllt** hast, darfst du dir für jede Kopie **2 Punkte** geben.
Für **halbwegs gelungene Vergrößerungen** darfst du dir **1 Punkt** geben.
Du kannst maximal 8 Punkte erreichen.

Wenn du dir bei der Punktevergabe unsicher bist,
dann tausche dich mit deinem Partner aus!

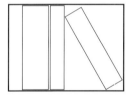
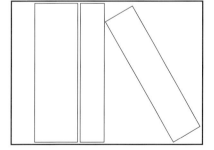
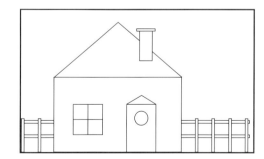

Arbeitsblatt **Problemlösen**

Streichhölzrätsel

Zeit: 10 Minuten

Sozialform: Einzelarbeit

Aufgabe:
Versuche, die folgenden Streichhölzrätsel zu lösen.

Hinweis:
Die Quadrate müssen nicht nebeneinanderliegen und können auch unterschiedlich groß sein! Lege dir als Hilfe ein Quadrat mit Streichhölzern nach. Eine Musterlösung liegt an der Lösungsstation aus.

1) Streiche 3 Hölzer weg und du erhältst 6 Quadrate.

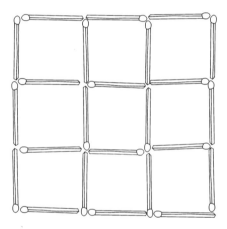

3) Streiche 6 Hölzer weg und du erhältst 5 Quadrate.

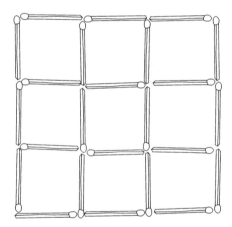

2) Streiche 6 Hölzer weg und du erhältst 3 Quadrate.

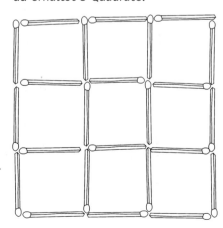

4) Streiche 9 Hölzer weg und du erhältst 4 Quadrate.

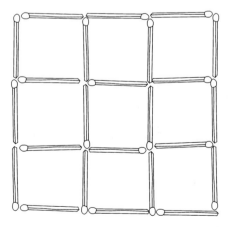

Erreicht: ☐ Punkte

Lösung **Problemlösen**

Station 11: Streichholzrätsel

○ **Hinweis:**
Ist es dir gelungen, ein Streichholzrätsel zu lösen, erhältst du 2 Punkte.
Du kannst maximal 8 Punkte erreichen.

1) Nimm 3 Hölzer weg und du erhältst 6 Quadrate.

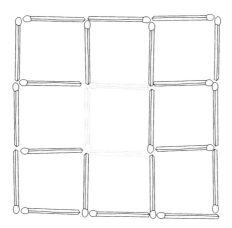

2) Nimm 6 Hölzer weg und du erhältst 3 Quadrate.

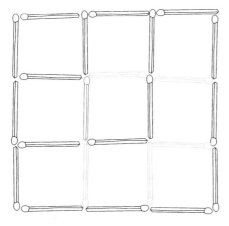

3) Nimm 6 Hölzer weg und du erhältst 5 Quadrate.

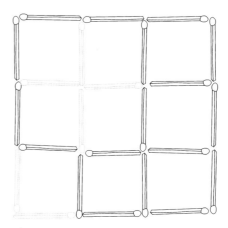

4) Nimm 9 Hölzer weg und du erhältst 4 Quadrate.

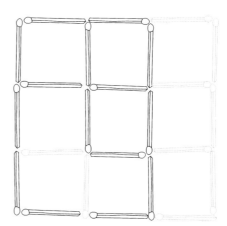

Arbeitsblatt ○ **Problemlösen**

(11) Dienstpläne

○ **Zeit:** 30 Minuten

Sozialform: Partnerarbeit

Aufgabe:

In einem Kaufhaus mit vier Abteilungen arbeiten die vier Azubis
Anna, Barbara, Christian und Daniel. Der Geschäftsführer macht
die Diensteinteilung für den Montag. Er muss dabei Folgendes berücksichtigen:
- Jeder Azubi arbeitet genau acht Stunden.
- Jeder Azubi muss in jeder Abteilung zwei Stunden lang arbeiten.
- Jeder muss eine Stunde Pause machen.
- Die Pausen finden in der Zeit zwischen zwölf und sechzehn Uhr statt.
- Während jeder Pause ist eine Abteilung unbesetzt.

Hinweis:

Kürzt die Namen mit A, B, C, D ab. Arbeitet mit einem Bleistift,
dann könnt ihr ausradieren, wenn etwas nicht stimmt.

Lasst euren Partner nach **20 Minuten** kontrollieren, ob eure
Diensteinteilung den oben aufgeführten Kriterien entspricht.
Es sind unterschiedliche Lösungen möglich! Eine Musterlösung
liegt an der Lösungsstation aus. Wenn alles stimmt, gibt es 8 Punkte.
Für jeden Fehler in einer Zeile oder Spalte gibt es 1 Punkt Abzug!

	Mode	Sport	Spielwaren	Haushalt	Pause für
9.00–10.00					
10.00–11.00					
11.00–12.00					
12.00–13.00					
13.00–14.00					
14.00–15.00					
15.00–16.00					
16.00–17.00					
17.00–18.00					

Erreicht: ☐ Punkte

Lösung ⊙ **Problemlösen**

Dienstpläne

	Mode	Sport	Spielwaren	Haushalt	Pause für
9.00–10.00	A	B	C	D	
10.00–11.00	A	B	C	D	
11.00–12.00	D	C	B	A	
12.00–13.00	unbesetzt	C	B	A	D
13.00–14.00	D	unbesetzt	A	B	C
14.00–15.00	C	D	unbesetzt	B	A
15.00–16.00	C	D	A	unbesetzt	B
16.00–17.00	B	A	D	C	
17.00–18.00	B	A	D	C	

Arbeitsblatt ○ **Problemlösen**

U-Bahn-Fahrt

Zeit: 15 Minuten

Sozialform: Einzelarbeit

Aufgabe:

Die folgende Abbildung zeigt einen Ausschnitt aus einem öffentlichen Verkehrsnetz mit vier U-Bahn-Linien. Der Ort, an dem du dich zur Zeit befindest, sowie dein Zielort sind eingezeichnet. Berechne die **kürzeste** und **billigste Fahrstrecke** und markiere sie in der Abbildung.

- Der Preis richtet sich nach der Anzahl der angefahrenen Stationen (die Abfahrtsstation nicht mitgerechnet). Die Kosten betragen **50 Cent** pro angefahrener Station.
- Die Fahrzeit zwischen zwei aufeinanderfolgenden Stationen beträgt **drei Minuten.**
- Um an einer Umsteigestation von einer U-Bahn-Linie in eine andere umzusteigen, benötigt man ungefähr **fünf Minuten.**

Fahrpreis: _____ Euro   **Fahrzeit:** _____ Minuten.

Hinweis:

Vergleiche dein Ergebnis mit dem Lösungsblatt an der Lösungsstation!

Erreicht: ☐ Punkte

Lösung ✓ **Problemlösen**

U-Bahn-Fahrt

○ **Hinweis:**

Für jede richtige Teillösung – *Fahrpreis*, *Fahrzeit* und *eingezeichnete Strecke* – gibt es 2 Punkte.
Du kannst maximal 6 Punkte erreichen.

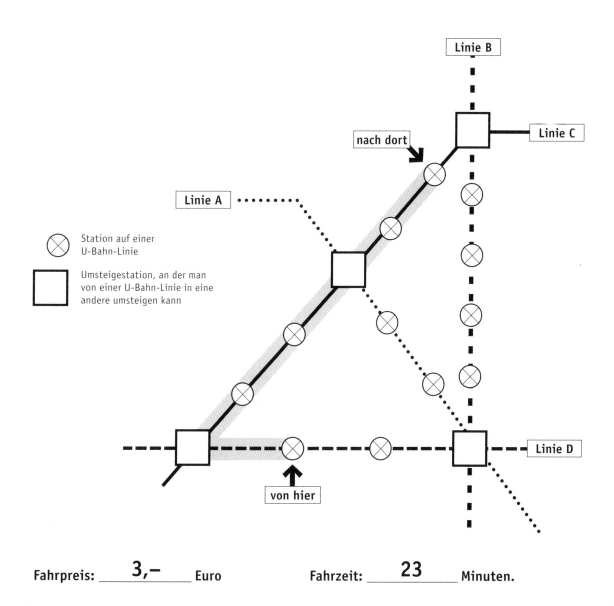

Fahrpreis: _____3,–_____ Euro   **Fahrzeit:** _____23_____ Minuten.

Arbeitsblatt Räumliches Vorstellungsvermögen

Faltvorlagen

Zeit: 8 Minuten

Sozialform: Einzelarbeit

Aufgabe:

Welche der links dargestellten Körper kannst du aus der Faltvorlage rechts bilden? Schreibe den jeweiligen Lösungsbuchstaben auf.

Hinweis:

Vergleiche deine Ergebnisse mit dem Lösungsblatt an der Lösungsstation!

Erreicht: ☐ Punkte

Station 12 · Faltvorlagen

Lösung · Räumliches Vorstellungsvermögen

○ **Hinweis:**

Für jede richtige Lösung gibt es 2 Punkte.
Du kannst maximal 10 Punkte erreichen.

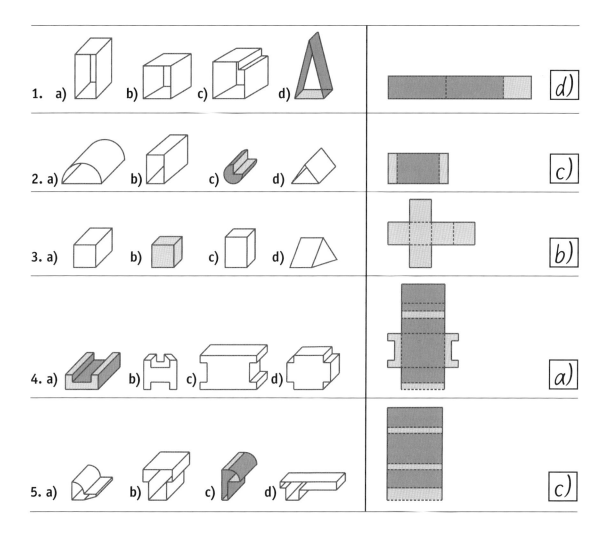

Arbeitsblatt ○ **Räumliches Vorstellungsvermögen**

Gedrehte Symbole

○ **Zeit:** 8 Minuten

Sozialform: Einzelarbeit

Aufgabe:

In jeder Reihe hat sich ein Symbol eingeschlichen, das spiegelverkehrt ist und deshalb nicht zu den anderen passt. Drehe in Gedanken jedes Symbol und finde heraus, welches nicht in die Reihe passt. Notiere den Buchstaben dieses Symbols in der rechten Spalte.

Hinweis:

Vergleiche deine Ergebnisse mit dem Lösungsblatt an der Lösungsstation!

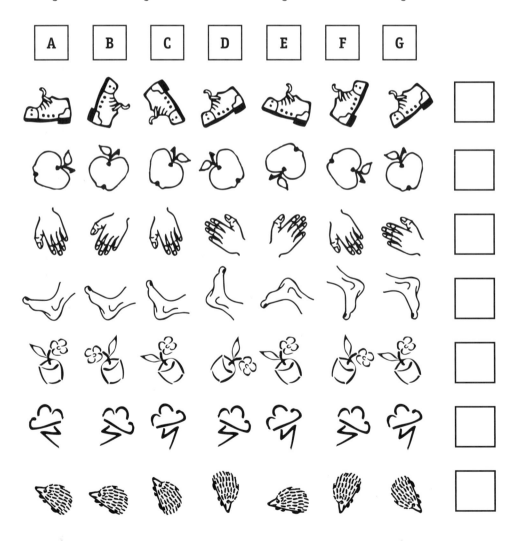

Erreicht: ☐ Punkte

Lösung · Räumliches Vorstellungsvermögen

Gedrehte Symbole

Hinweis:

Für jede richtige Lösung gibt es 1 Punkt.
Du kannst maximal 8 Punkte erreichen.

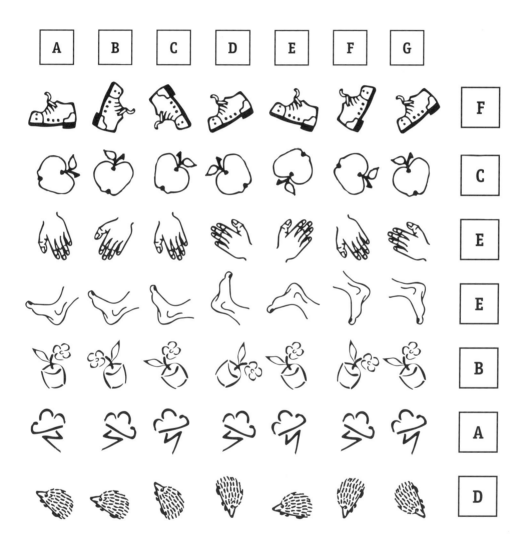

Arbeitsblatt ○ **Mathematisches Denken**

(13) Textaufgaben

Zeit: 15 Minuten

Sozialform: Einzelarbeit

Aufgaben:

Löse die unten stehenden Rechenaufgaben!
Du darfst die Reihenfolge selbst wählen. Beginne mit den Aufgaben,
die dir am leichtesten fallen. Natürlich darfst du auch auf einem Notizzettel
rechnen oder Zeichnungen anfertigen, wenn es dir hilft.

Hinweis:

Vergleiche deine Ergebnisse mit dem Lösungsblatt an der Lösungsstation!

1. 3 Bonbons kosten 10 Cent. Wie viele Bonbons bekommt man für 2 Euro?

    Ergebnis: _____

2. Ein LKW darf voll beladen 27 Tonnen wiegen. Sein Eigengewicht beträgt 8 Tonnen. Bei seiner wöchentlichen Tour holt der LKW-Fahrer bei der ersten Firma 5 Tonnen Marmorplatten ab. Bei seiner nächsten Station lädt er 7,5 Tonnen Maschinenteile zu. Anschließend kommen noch 4 Tonnen Kaminziegel dazu. Wie viel Tonnen Blumenerde kann er noch zuladen?

    Ergebnis: _____

3. Ein Fahrrad kostet 600 Euro. Im Ausverkauf ist es um 20% billiger. Wie viel bezahlst du für das Rad?

    Ergebnis: _____

4. Ein Fliesenleger soll in einer Küche Bodenfliesen verlegen. Die Küche ist 5,1 m lang und 4,2 m breit. Wie groß ist die Fläche, für die er Fliesen besorgen muss?

    Ergebnis: _____

5. Ein Weinbauer braucht 2 Stunden, um mit seiner Flaschenabfüllablage 1 800 Flaschen Traubensaft abzufüllen. Wie viele Flaschen kann er an einem Tag abfüllen, wenn er von morgens 8.00 Uhr bis abends 17.00 Uhr arbeitet und dazwischen eine einstündige Mittagspause einlegt?

    Ergebnis: _____

6. Ein rundes Schwimmbecken hat einen Durchmesser von 6 m und eine Füllhöhe von 90 cm. Wie viel Liter Wasser fasst das Becken?

    Ergebnis: _____

Erreicht: ☐ Punkte

Lösung — Mathematisches Denken

Textaufgaben

○ **Hinweis:**

Für jede richtig gelöste Aufgabe erhältst du 2 Punkte.
Du kannst maximal 12 Punkte erreichen.

1. 3 Bonbons kosten 10 Cent. Wie viele Bonbons bekommt man für 2 Euro?

   Ergebnis: **60 Bonbons**

2. Ein LKW darf voll beladen 27 Tonnen wiegen. Sein Eigengewicht beträgt 8 Tonnen. Bei seiner wöchentlichen Tour holt der LKW-Fahrer bei der ersten Firma 5 Tonnen Marmorplatten ab. Bei seiner nächsten Station lädt er 7,5 Tonnen Maschinenteile zu. Anschließend kommen noch 4 Tonnen Kaminziegel dazu. Wie viel Tonnen Blumenerde kann er noch zuladen?

   Ergebnis: **2,5 t**

3. Ein Fahrrad kostet 600 Euro. Im Ausverkauf ist es um 20 % billiger. Wie viel bezahlst du für das Rad?

   Ergebnis: **480 Euro**

4. Ein Fliesenleger soll in einer Küche Bodenfliesen verlegen. Die Küche ist 5,1 m lang und 4,2 m breit. Wie groß ist die Fläche, für die er Fliesen besorgen muss?

   Ergebnis: **21,42 m²**

5. Ein Weinbauer braucht 2 Stunden, um mit seiner Flaschenabfüllanlage 1 800 Flaschen Traubensaft abzufüllen. Wie viele Flaschen kann er an einem Tag abfüllen, wenn er von morgens 8.00 Uhr bis abends 17.00 Uhr arbeitet und dazwischen eine einstündige Mittagspause einlegt?

   Ergebnis: **7 200 Flaschen**

6. Ein rundes Schwimmbecken hat einen Durchmesser von 6 m und eine Füllhöhe von 90 cm. Wie viel Liter Wasser fasst das Becken?

   Ergebnis: **25,434 m³ = 25 434 l**

Arbeitsblatt – **Mathematisches Denken**

Schätzaufgaben

Zeit: 10 Minuten

Sozialform: Einzelarbeit

Aufgabe:

Bei den folgenden Rechenaufgaben sollst du das Ergebnis lediglich abschätzen und nicht genau ausrechnen. Unterstreiche die Antwort, die dir richtig erscheint!

Hinweis:

Vergleiche deine Schätzung mit dem Lösungsblatt an der Lösungsstation!

1. Ein Restaurantfachmann zapft aus einem Fass Bier, das insgesamt 19 Liter enthält, an vier Tagen folgende Mengen: 4 Liter, 2,5 Liter, 3,5 Liter, 3 Liter. Wie viele Tage wird er mit dem Rest in etwa noch auskommen?
   a) 1 Tag   **b)** 2 Tage   **c)** 3 Tage

2. Vier Zimmertüren normaler Größe sollen oben sowie rechts und links mit Dichtungsstreifen versehen werden. Wie viel Meter Dichtband wird ungefähr gebraucht?
   a) 4 m   **b)** 12 m   **c)** 20 m

3. Du wanderst mit deinem Freund zu einem 10 km entfernten Wasserfall. Wie lange seid ihr ungefähr unterwegs, wenn ihr recht zügig marschiert und eine halbstündige Pause einlegt?
   a) ½ Stunde   **b)** 3 Stunden
   c) 5 ½ Stunden

4. Katrin hat folgende Lebensmittel eingekauft:
   250 g Butter, 1 Laib Brot, ½ kg Kirschen, 1 kg Mehl, 300 g Zucker, 1 Liter Milch, 210 g Käse, 150 g Schinken, 40 g Hefe, ½ l Mineralwasser, 10 g Zimt.
   Wird Katrin alles tragen können? Wie viel wiegt ihr Einkauf in etwa?
   a) 5 kg   **b)** 7 kg   **c)** 9 kg

5. Wie viel wiegen sechs 2-Euro-Münzen?
   a) 50 g   **b)** 100 g   **c)** 1 kg

6. Ein Badezimmerfußboden wird verfliest. Der Raum ist 3 m lang und 2 m breit. Die Fliesen sind quadratisch und haben eine Seitenlänge von 10 cm. Wie viele Fliesen werden schätzungsweise benötigt?
   a) 60   **b)** 600   **c)** 1200

Erreicht: ☐ Punkte

Lösung ✓ Mathematisches Denken

Station 13: Schätzaufgaben

○ **Hinweis:**

Für jede richtig gelöste Aufgabe erhältst du 2 Punkte.
Du kannst maximal 12 Punkte erreichen.

1. Ein Restaurantfachmann zapft aus einem Fass Bier, das insgesamt 19 Liter enthält, an vier Tagen folgende Mengen: 4 Liter, 2,5 Liter, 3,5 Liter, 3 Liter. Wie viele Tage wird er mit dem Rest in etwa noch auskommen?
   a) 1 Tag   ~~b)~~ **2 Tage**   c) 3 Tage

2. Vier Zimmertüren normaler Größe sollen oben sowie rechts und links mit Dichtungsstreifen versehen werden. Wie viel Meter Dichtband wird ungefähr gebraucht?
   a) 4 m   b) 12 m   ~~c)~~ **20 m**

3. Du wanderst mit deinem Freund zu einem 10 km entfernten Wasserfall. Wie lange seid ihr ungefähr unterwegs, wenn ihr recht zügig marschiert und eine halbstündige Pause einlegt?
   a) ½ Stunde   ~~b)~~ **3 Stunden**
   c) 5½ Stunden

4. Katrin hat folgende Lebensmittel eingekauft:
   250 g Butter, 1 Laib Brot, ½ kg Kirschen, 1 kg Mehl, 300 g Zucker, 1 Liter Milch, 210 g Käse, 150 g Schinken, 40 g Hefe, ½ l Mineralwasser, 10 g Zimt.
   Wird Katrin alles tragen können? Wie viel wiegt ihr Einkauf in etwa?
   ~~a)~~ **5 kg**   b) 7 kg   c) 9 kg

5. Wie viel wiegen sechs 2-Euro-Münzen?
   ~~a)~~ **50 g**   b) 100 g   c) 1 kg

6. Ein Badezimmerfußboden wird verfliest. Der Raum ist 3 m lang und 2 m breit. Die Fliesen sind quadratisch und haben eine Seitenlänge von 10 cm. Wie viele Fliesen werden schätzungsweise benötigt?
   a) 60   ~~b)~~ **600**   c) 1200

Arbeitsblatt ○ **Mündliche Ausdrucksfähigkeit**

Freies Sprechen nach Stichworten

Zeit: 15 Minuten

Sozialform: Partnerarbeit

Aufgabe:

Ihr sollt zu einem Stichwort einen spontanen **Kurzvortrag** halten, der nicht länger als **2 Minuten** dauern soll. Dazu solltet ihr euch gegenübersitzen. Die Stichwortkarten findet ihr dem Briefumschlag. Vergesst nicht, die Zeit zu stoppen!

So geht ihr vor:

1. Lest euch zuerst die **Kriterienliste Freies Sprechen** (S. 103) durch. Hier erfahrt ihr, auf was man bei einem Kurzvortrag achten muss.

2. Einigt euch, wer beginnen soll. Derjenige zieht eine Stichwortkarte aus dem Briefumschlag.

3. Ihr habt **1 Minute** Bedenkzeit, eure Gedanken zu ordnen. Versucht, in dieser Zeit das Thema inhaltlich abzugrenzen, denn in der Kürze der Zeit könnt ihr nicht alles, was zum Thema gehört oder euch dazu einfällt, einbringen!

4. Beginnt dann mit dem Vortrag. Euer Partner hört aufmerksam zu und achtet dabei auf Inhalt und Sprache.

5. Zum Schluss bewertet euer Partner den Kurzvortrag mit Hilfe der **Kriterienliste Freies Sprechen**, um rückzumelden, wie er den Vortrag wahrgenommen hat.

Bewertungskriterien	Punkte
Auftreten	
Sprache I	
Sprache II	
Sprache III	
Blickkontakt	
Aufbau/Verständnis	
Gesamtpunktzahl (maximal 12 Punkte)	

14 Freies Sprechen nach Stichworten

Frühling	Fitness
Herbst	Klima
USA	Reisen
Verkehr	Erfindungen
Ernährung	Werbung
DDR	Wasser

Arbeitsblatt ○ **Mündliche Ausdrucksfähigkeit**

Vorstellungsgespräch

Zeit: 40 Minuten

Sozialform: Partnerarbeit

Aufgabe:

Du bist zu einem **Vorstellungsgespräch** eingeladen und sollst den **Personalchef** in nur **2 Minuten überzeugen**, warum gerade du für diesen Beruf besonders geeignet bist! Sprich über deine Interessen, Fähigkeiten, Stärken, aber auch über die Anforderungen in diesem Beruf und warum du denkst, dass du der/die Richtige bist.

So geht ihr vor:

1. Lies zuerst die **Kriterienliste Freies Sprechen** (S. 103) durch.
   Hier erfährst du, worauf du bei einem Kurzvortrag achten musst.

2. Fertige eine **Mind Map**® zu deinem **Wunschberuf** an.
   Die Mind Map® sollte stichpunktartig Informationen zu deinen **Stärken**, deinen **Interessen**, den **Anforderungen** des Berufes und den **Tätigkeiten**, die du in diesem Beruf ausüben musst, enthalten.

3. Übe den Kurzvortrag zu deiner Person ein. Nimm die Mind Map® als Hilfe zur Hand.

4. Spiele dann das Vorstellungsgespräch zusammen mit deinem Partner durch. Dazu solltet ihr euch gegenübersitzen. Einer von euch übernimmt die Rolle des Personalchefs, der das Vorstellungsgespräch mit dem Satz beginnt: *„Warum sollten wir gerade Sie einstellen?"* Das ist dein Stichwort, um mit dem Kurzvortrag loszulegen! Der „Personalchef" stoppt die Zeit.

5. Der „Personalchef" nimmt die **Kriterienliste Freies Sprechen** zur Hilfe, um rückzumelden, wie er deinen Vortrag wahrgenommen hat.
   Dazu vergibt er Punkte für jedes Kriterium.

6. Tauscht anschließend die Rollen!

Bewertungskriterien	Punkte
Auftreten	
Sprache I	
Sprache II	
Sprache III	
Blickkontakt	
Aufbau/Verständnis	
Gesamtpunktzahl (maximal 12 Punkte)	

Vorlage • Mündliche Ausdrucksfähigkeit

Station 14: Kriterienliste Freies Sprechen

	2 Punkte	1 Punkt	0 Punkte
Auftreten	◎ selbstsicher ◎ entspannt ◎ überzeugend	◎ nervös ◎ fahrig	◎ verkrampft ◎ desinteressiert
Sprache I	◎ deutlich und laut genug gesprochen	◎ leise gesprochen	◎ undeutlich und zu leise gesprochen
Sprache II	◎ frei gesprochen	◎ einiges abgelesen	◎ viel oder fast alles abgelesen
Sprache III	◎ vollständige Sätze	◎ teilweise unvollständige Sätze	◎ unvollständige Sätze
Blickkontakt	◎ hält direkten Blickkontakt	◎ hält zeitweise Blickkontakt	◎ schaut nur aufs Papier, zu Boden, auf die Seite …
Aufbau/Verständnis	◎ roter Faden deutlich	◎ etwas sprunghaft ◎ nicht klar strukturiert	◎ keine Ordnung, unverständlich

Portfoliomappe Berufsfindung

Arbeitsblatt ○ **Sprachverständnis**

15 Abkürzungen

○ **Zeit:** 10 Minuten

Sozialform: Einzelarbeit

Aufgabe 1:

Schreibe die Bedeutungen der Abkürzungen in die rechte Spalte.

z.B.		Anm.	
EDV		zzgl.	
i.A.		jun.	
AG		u.a.	
s.o.		Ing.	
bzw.		Abt.	
www		vgl.	
mfG		geb.	
usw.		z.T.	
gez.		ggf.	

Erreicht: ☐ Punkte

Aufgabe 2:

In vielen Zeitungsanzeigen werden gängige Wörter abgekürzt. Versuche, die in der Wohnungsanzeige verwendeten Abkürzungen zu erklären.

2 Zi.-DG-Whg. Köln
zentr. Lage, 62 m² Wfl. m. Laminat, EBK und S-Blk. an ruh. Mieter ab 01.10.08, € 660,– inkl. Stellpl. + NK v. priv. ☏ 0221/92345

Zi.		S-Blk.	
ruh.		zentr.	
m²		Stellpl.	
NK		EBK	
DG-Whg.		inkl.	
Wfl.		v. priv.	

Erreicht: ☐ Punkte

Hinweis:

Vergleiche deine Ergebnisse mit dem Lösungsblatt an der Lösungsstation!

Lösung ✓ **Sprachverständnis**

Abkürzungen

station 15

Hinweis:

Für jeweils zwei richtige Lösungen erhältst du 1 Punkt.
Du kannst maximal 10 Punkte erreichen.

z.B.	zum Beispiel	Anm.	Anmerkung
EDV	elektronische Datenverarbeitung	zzgl.	zuzüglich
i.A.	im Auftrag	jun.	junior
AG	Aktiengesellschaft	u.a.	unter anderem
s.o.	siehe oben	Ing.	Ingenieur
bzw.	beziehungsweise	Abt.	Abteilung
www	world wide web	vgl.	vergleiche
mfG	mit freundlichen Grüßen	geb.	geboren
usw.	und so weiter	z.T.	zum Teil
gez.	gezeichnet	ggf.	gegebenenfalls

Hinweis:

Für jeweils zwei richtige Lösungen erhältst du 1 Punkt.
Du kannst maximal 6 Punkte erreichen.

Zi.	Zimmer	S-Blk.	Süd-Balkon
ruh.	ruhig	zentr.	zentral
m²	Quadratmeter	Stellpl.	Stellplatz
NK	Nebenkosten	EBK	Einbauküche
DG-Whg.	Dachgeschoss-Wohnung	inkl.	inklusive
Wfl.	Wohnfläche	v. priv.	von privat

Arbeitsblatt · **Sprachverständnis**

Fremdwörter

station 15

Zeit: 8 Minuten

Sozialform: Einzelarbeit

Aufgabe:

Was bedeuten die folgenden Fremdwörter? Kreuze an.

Hinweis:

Vergleiche deine Ergebnisse mit dem Lösungsblatt an der Lösungsstation!

1) **Akribie**
   - [ ] Anwerbung von Kunden
   - [ ] höchste Sorgfalt
   - [ ] Webtechnik

2) **Diskrepanz**
   - [ ] Taktvolles Verhalten
   - [ ] Widersprüchlichkeit zwischen zwei Sachverhalten
   - [ ] Uneinigkeit zweier Personen

3) **prophylaktisch**
   - [ ] vorausschauend
   - [ ] vorbeugend
   - [ ] voraussichtlich

4) **differenzieren**
   - [ ] unterscheiden
   - [ ] unterbieten
   - [ ] unterlegen

5) **Alternative**
   - [ ] Wahl zwischen zwei Möglichkeiten
   - [ ] Anfang vom Ende
   - [ ] Hoffnung auf einen Ausweg

6) **Institution**
   - [ ] Handlungsvollmacht in einem Unternehmen
   - [ ] Finanzbehörde
   - [ ] öffentliche Einrichtung

7) **Resignation**
   - [ ] Entmutigung
   - [ ] Anteilnahme
   - [ ] Überwachung

8) **kapitulieren**
   - [ ] sich dem Feind ergeben
   - [ ] sich für unabhängig erklären
   - [ ] sein Kapital gewinnbringend anlegen

9) **Promenade**
   - [ ] Hunderasse
   - [ ] schön angelegter Spazierweg
   - [ ] Lösungsmittel

10) **exemplarisch**
    - [ ] außerordentlich
    - [ ] beispielhaft
    - [ ] zukunftsweisend

Erreicht: [ ] Punkte

Lösung ✓ Sprachverständnis

Station 15: Fremdwörter

○ **Hinweis:**

Für jede richtige Lösung gibt es 1 Punkt.
Es können maximal 8 Punkte erreicht werden.

1. **Akribie**
   - ☐ Anwerbung von Kunden
   - ☒ **höchste Sorgfalt**
   - ☐ Webtechnik

2. **Diskrepanz**
   - ☐ Taktvolles Verhalten
   - ☒ **Widersprüchlichkeit zwischen zwei Sachverhalten**
   - ☐ Uneinigkeit zweier Personen

3. **prophylaktisch**
   - ☐ vorausschauend
   - ☒ **vorbeugend**
   - ☐ voraussichtlich

4. **differenzieren**
   - ☒ **unterscheiden**
   - ☐ unterbieten
   - ☐ unterlegen

5. **Alternative**
   - ☒ **Wahl zwischen zwei Möglichkeiten**
   - ☐ Anfang vom Ende
   - ☐ Hoffnung auf einen Ausweg

6. **Institution**
   - ☐ Handlungsvollmacht in einem Unternehmen
   - ☐ Finanzbehörde
   - ☒ **öffentliche Einrichtung**

7. **Resignation**
   - ☒ **Entmutigung**
   - ☐ Anteilnahme
   - ☐ Überwachung

8. **kapitulieren**
   - ☒ **sich dem Feind ergeben**
   - ☐ sich für unabhängig erklären
   - ☐ sein Kapital gewinnbringend anlegen

9. **Promenade**
   - ☐ Hunderasse
   - ☒ **schön angelegter Spazierweg**
   - ☐ Lösungsmittel

10. **exemplarisch**
    - ☐ außerordentlich
    - ☒ **beispielhaft**
    - ☐ zukunftsweisend

Arbeitsblatt ○ **Sprachverständnis**

Sprachstil

Station 15

○ **Zeit:** 8 Minuten

Sozialform: Einzelarbeit

Aufgabe:

Die folgenden Textausschnitte stammen von ganz unterschiedlichen Textarten. Wähle aus den drei Vorschlägen jenen aus, der sich sprachlich und stilistisch am besten in den Text einfügt.

Hinweis:

Vergleiche deine Ergebnisse mit dem Lösungsblatt an der Lösungsstation!

1. **Weiterhin bedeckt, zeitweise Regen, in Flusstälern stellenweise Dunst oder Nebel. Tiefstwerte 13 – 9 Grad. Auch in der Nacht zum Mittwoch kaum Auflockerungen ...**

   - [ ] a) Am Mittwoch wird es schon wieder regnen.
   - [ ] b) Am Mittwoch Durchzug eines Regengebietes.
   - [ ] c) Am Samstag Regen, Regen und nochmals Regen.

2. **Es war einmal ein Königssohn, dem gefiel es nicht mehr daheim in seines Vaters Haus, und so dachte er: „Ich will in die weite Welt gehen, da wird mir Zeit und Weile nicht lang, und ich werde wunderliche Dinge genug sehen." Also nahm er von seinen Eltern Abschied und ging fort, immerzu, von Morgen bis Abend, und ...**

   - [ ] a) ... es war ihm egal, wo es lang ging.
   - [ ] b) ... es war ihm einerlei, wo hinaus ihn der Weg führte.
   - [ ] c) ... die Richtung war ihm ziemlich gleichgültig.

3. **Das Ziel wissenschaftlicher Bemühungen ist es, die Richtigkeit einer Theorie durch wiederholte Konfrontation mit der Realität zu überprüfen. Da Theorien den Anspruch auf Allgemeingültigkeit erheben, ist es nicht möglich, eine Theorie durch eine einzige Untersuchung an der Realität zu überprüfen. Vielmehr ...**

   - [ ] a) ... dient die Theorie dem Wissenschaftler als Basis kreativer Folgerungen, deren Realitätsbezug er durch Konfrontation mit der „Widerborstigkeit des Gegebenen" eruieren muss.
   - [ ] b) ... sollte man aus der Theorie Hypothesen ableiten, die dann auf Herz und Nieren geprüft werden.
   - [ ] c) ... müssen aus der allgemeinen Theorie einzelne Schlussfolgerungen abgeleitet werden, die als „Hypothesen" zum Gegenstand einer empirischen Überprüfung gemacht werden.

Erreicht: ☐ Punkte

Lösung ☑ **Sprachverständnis**

Sprachstil

○ **Hinweis:**

Für jede richtige Lösung gibt es 2 Punkte.
Es können maximal 6 Punkte erreicht werden.

1. Weiterhin bedeckt, zeitweise Regen, in Flusstälern stellenweise Dunst oder Nebel. Tiefstwerte 13–9 Grad. Auch in der Nacht zum Mittwoch kaum Auflockerungen ...

   ☐ a) Am Mittwoch wird es schon wieder regnen.
   ☒ **b) Am Mittwoch Durchzug eines Regengebietes.**
   ☐ c) Am Samstag Regen, Regen und nochmals Regen.

2. Es war einmal ein Königssohn, dem gefiel es nicht mehr daheim in seines Vaters Haus, und so dachte er: „Ich will in die weite Welt gehen, da wird mir Zeit und Weile nicht lang, und ich werde wunderliche Dinge genug sehen." Also nahm er von seinen Eltern Abschied und ging fort, immerzu, von Morgen bis Abend, und ...

   ☐ a) ... es war ihm egal, wo es lang ging.
   ☒ **b) ... es war ihm einerlei, wo hinaus ihn der Weg führte.**
   ☐ c) ... die Richtung war ihm ziemlich gleichgültig.

3. Das Ziel wissenschaftlicher Bemühungen ist es, die Richtigkeit einer Theorie durch wiederholte Konfrontation mit der Realität zu überprüfen. Da Theorien den Anspruch auf Allgemeingültigkeit erheben, ist es nicht möglich, eine Theorie durch eine einzige Untersuchung an der Realität zu überprüfen. Vielmehr ...

   ☐ a) ... dient die Theorie dem Wissenschaftler als Basis kreativer Folgerungen, deren Realitätsbezug er durch Konfrontation mit der „Widerborstigkeit des Gegebenen" eruieren muss.
   ☐ b) ... sollte man aus der Theorie Hypothesen ableiten, die dann auf Herz und Nieren geprüft werden.
   ☒ **c) ... müssen aus der allgemeinen Theorie einzelne Schlussfolgerungen abgeleitet werden, die als „Hypothesen" zum Gegenstand einer empirischen Überprüfung gemacht werden.**

Arbeitsblatt ○ **Sprachverständnis**

Kuckuckseier

Zeit: 8 Minuten

Sozialform: Einzelarbeit

Aufgabe:

In jeder Zeile hat sich ein Begriff eingeschlichen, der nicht zu den anderen passt. Streiche den entsprechenden Begriff durch.

Beispiel:
Apfel — Birne — Melone — ~~Salat~~ *(ist kein Obst)*

Hinweis:

Vergleiche deine Ergebnisse mit dem Lösungsblatt an der Lösungsstation!

1) Kuchen — Knödel — Brot — Mehl
2) hämmern — sägen — verkaufen — feilen
3) Rechteck — Quadrat — Kugel — Kreis
4) Zeitung — Buch — Illustrierte — Lektüre
5) gestern — demnächst — übermorgen — am Dienstag
6) kochen — üben — schneidern — schmieden
7) speichern — erinnern — merken — behalten
8) Tennis — Eishockey — Handball — Basketball
9) Beschäftigung — Arbeit — Mühe — Job
10) sehen — sprechen — hören — tasten
11) schimpfen — zetern — jammern — loben
12) Altenpflegerin — Schriftstellerin — Buchhändlerin — Restaurantfachfrau
13) Schreibblock — Diktiergerät — Computer — iPod
14) hoch — breit — tief — stabil

Erreicht: ☐ Punkte

Lösung **Sprachverständnis**

Station 15: Kuckuckseier

○ **Hinweis:**

Für jeweils zwei richtige Lösungen erhältst du 1 Punkt.
Du kannst maximal 7 Punkte erreichen.

1) Kuchen — Knödel — Brot — ~~Mehl~~ (Zutat, kein fertiges Produkt)

2) hämmern — sägen — ~~verkaufen~~ (keine handwerkliche Tätigkeit) — feilen

3) Rechteck — Quadrat — ~~Kugel~~ (Körper, keine Fläche) — Kreis

4) Zeitung — Buch — Illustrierte — ~~Lektüre~~ (allgemeiner Begriff für Lesestoff)

5) gestern — ~~demnächst~~ (unbestimmte Zeitangabe) — übermorgen — am Dienstag

6) kochen — ~~üben~~ (keine berufsbezogene Tätigkeit) — schneidern — schmieden

7) speichern — ~~erinnern~~ (Erinnern erfolgt nach dem Merken, Speichern, Behalten) — merken — behalten

8) Tennis — ~~Eishockey~~ (keine Ballspielart) — Handball — Basketball

9) Beschäftigung — Arbeit — ~~Mühe~~ (kein Wort für eine Tätigkeit) — Job

10) sehen — ~~sprechen~~ (keine Sinneswahrnehmung) — hören — tasten

11) schimpfen — zetern — jammern — ~~loben~~ (positive Äußerung)

12) Altenpflegerin — ~~Schriftstellerin~~ (hat nicht direkt mit Menschen zu tun) — Buchhändlerin — Restaurantfachfrau

13) ~~Schreibblock~~ (kein elektronisches Gerät) — Diktiergerät — Computer — iPod

14) hoch — breit — tief — ~~stabil~~ (keine Bezeichnung für Länge)

Arbeitsblatt Technisches Verständnis

Alltagsprobleme

Zeit: 10 Minuten

Sozialform: Einzelarbeit

Aufgabe:
Hier werden einige Situationen aus dem Alltag geschildert, denen ein technisches Problem zu Grunde liegt. Kreuze an, welche Antwort du für richtig hältst.

Hinweis:
Vergleiche deine Ergebnisse mit dem Lösungsblatt an der Lösungsstation!

1) **Du liest abends ein spannendes Buch. Im Hintergrund läuft das Radio. Plötzlich geht das Licht im Zimmer aus, und das Radio verstummt. Wo suchst du den Fehler?**
   ☐ Ich gehe zum Sicherungskasten und kontrolliere, ob alle Schutzschalter eingeschaltet sind.
   ☐ Ich tausche alle Glühbirnen aus und bringe am nächsten Tag das Radio zur Reparatur.
   ☐ Ich lese mit der Taschenlampe weiter und warte, bis meine Eltern nach Hause kommen.

2) **Es gibt Zangen mit kürzerem und mit längerem Griff. Warum?**
   ☐ Weil Menschen unterschiedlich große Hände haben und eine Zange passender Größe sicherer zu handhaben ist.
   ☐ Bei Zangen mit längerem Griff entwickelt man eine größere Kraft und kann stärkere Materialien, wie zum Beispiel ein Kabel, besser abzwicken.
   ☐ Es gibt unterschiedlich große Werkzeugkisten und die Zange muss hineinpassen.

3) **Dein hölzernes Schneidebrett hat plötzlich Risse bekommen. Was ist die Ursache?**
   ☐ Das Brett lag zu lange im Wasser vom Abwasch.
   ☐ Du hast auf dem Brett mit einem scharfen Messer Fleisch geschnitten und es gewürzt. Die Gewürze haben die Risse verursacht.
   ☐ Das Brett ist ausgetrocknet.

4) **Im Bad tropft der Wasserhahn, obwohl er richtig zugedreht ist. Wie kann man das reparieren?**
   ☐ Im Absperrhahn muss eine Dichtung ausgetauscht werden.
   ☐ Man muss den Hahn mehrmals kräftig auf- und zudrehen, damit sich der Kalk löst.
   ☐ Einige leichte Schläge mit einem kleinen Hammer auf die Spindel bringen das Tropfen zum Stillstand.

5) **Du hast eine volle Flasche Apfelsaft in das Tiefkühlfach gelegt. Als du nach ein paar Stunden das Fach wieder öffnest, ist die Flasche zerplatzt. Wieso ist das passiert?**
   ☐ Glas zerbricht, wenn es zu stark abgekühlt wird.
   ☐ Das Wasser im Apfelsaft ist gefroren und hat sich ausgedehnt. Dadurch ist die Flasche geborsten.
   ☐ Die Äpfel haben in der Kälte zu gären begonnen. Dadurch entstanden Gärgase, welche die Flasche zum Platzen brachten.

6) **Das Vorderrad deines Fahrrades ist verbogen. Wie kann ein Fachmann das Problem beheben?**
   ☐ Er reguliert mit einem Speichenschlüssel die Spannung der Speichen.
   ☐ Er wechselt den Schlauch aus.
   ☐ Er klopft die Verbiegung mit einem Gummihammer aus.

Erreicht: ☐ Punkte

Lösung ✓ **Technisches Verständnis**

Station 16: Alltagsprobleme

○ **Hinweis:**
Für jede richtige Antwort erhältst du 1 Punkt.
Du kannst maximal 6 Punkte erreichen.

1) **Du liest abends ein spannendes Buch. Im Hintergrund läuft das Radio. Plötzlich geht das Licht im Zimmer aus, und das Radio verstummt. Wo suchst du den Fehler?**
   - ☒ Ich gehe zum Sicherungskasten und kontrolliere, ob alle Schutzschalter eingeschaltet sind.
   - ☐ Ich tausche alle Glühbirnen aus und bringe am nächsten Tag das Radio zur Reparatur.
   - ☐ Ich lese mit der Taschenlampe weiter und warte, bis meine Eltern nach Hause kommen.

2) **Es gibt Zangen mit kürzerem und mit längerem Griff. Warum?**
   - ☐ Weil Menschen unterschiedlich große Hände haben und eine Zange passender Größe sicherer zu handhaben ist.
   - ☒ Bei Zangen mit längerem Griff entwickelt man eine größere Kraft und kann stärkere Materialien, wie zum Beispiel ein Kabel, besser abzwicken.
   - ☐ Es gibt unterschiedlich große Werkzeugkisten und die Zange muss hineinpassen.

3) **Dein hölzernes Schneidebrett hat plötzlich Risse bekommen. Was ist die Ursache?**
   - ☐ Das Brett lag zu lange im Wasser vom Abwasch.
   - ☐ Du hast auf dem Brett mit einem scharfen Messer Fleisch geschnitten und es gewürzt. Die Gewürze haben die Risse verursacht.
   - ☒ Das Brett ist ausgetrocknet.

4) **Im Bad tropft der Wasserhahn, obwohl er richtig zugedreht ist. Wie kann man das reparieren?**
   - ☒ Im Absperrhahn muss eine Dichtung ausgetauscht werden.
   - ☐ Man muss den Hahn mehrmals kräftig auf- und zudrehen, damit sich der Kalk löst.
   - ☐ Einige leichte Schläge mit einem kleinen Hammer auf die Spindel bringen das Tropfen zum Stillstand.

5) **Du hast eine volle Flasche Apfelsaft in das Tiefkühlfach gelegt. Als du nach ein paar Stunden das Fach wieder öffnest, ist die Flasche zerplatzt. Wieso ist das passiert?**
   - ☐ Glas zerbricht, wenn es zu stark abgekühlt wird.
   - ☒ Das Wasser im Apfelsaft ist gefroren und hat sich ausgedehnt. Dadurch ist die Flasche geborsten.
   - ☐ Die Äpfel haben in der Kälte zu gären begonnen. Dadurch entstanden Gärgase, welche die Flasche zum Platzen brachten.

6) **Das Vorderrad deines Fahrrades ist verbogen. Wie kann ein Fachmann das Problem beheben?**
   - ☒ Er reguliert mit einem Speichenschlüssel die Spannung der Speichen.
   - ☐ Er wechselt den Schlauch aus.
   - ☐ Er klopft die Verbiegung mit einem Gummihammer aus.

Arbeitsblatt ○ **Technisches Verständnis**

Vermischtes

○ **Zeit:** 10 Minuten

Sozialform: Einzelarbeit

Hinweis:
Vergleiche deine Ergebnisse mit dem Lösungsblatt an der Lösungsstation!

Aufgabe 1:
Das Tankschiff fährt leer aus dem Hafen aus und läuft, voll mit Öl betankt, eine Woche später wieder ein.
Auf welchem Bild ist das Tankschiff leer?
☐ a   ☐ b

Aufgabe 2:
Welche der vier Vasen bleibt bei einem Windstoß am ehesten auf der Tischplatte stehen?
☐ a   ☐ b
☐ c   ☐ d

Aufgabe 3:
Mit welcher Stange kannst du den großen Stein am leichtesten anheben?
☐ a   ☐ b
☐ c

Aufgabe 4:
Welcher Schalter muss geschlossen werden, damit Strom für zwei Lampen fließen kann?
☐ 1   ☐ 2
☐ 3

Aufgabe 5:
Welcher der vier Rahmen ist am stabilsten verstrebt?
☐ a   ☐ b
☐ c   ☐ d

Erreicht: ☐ Punkte

Lösung ✓ **Technisches Verständnis**

16 Station

Vermischtes

○ **Hinweis:**
Für jede richtig gelöste Aufgabe erhältst du 2 Punkte.
Du kannst maximal 10 Punkte erreichen.

Aufgabe 1:
Das Tankschiff fährt leer aus dem Hafen aus und läuft voll mit Öl betankt eine Woche später wieder ein.
Auf welchem Bild ist das Tankschiff leer?

☒ a ☐ b

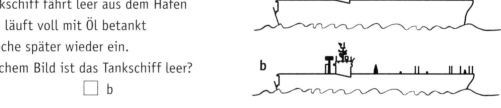

Aufgabe 2:
Welche der vier Vasen bleibt bei einem Windstoß am ehesten auf der Tischplatte stehen?

☒ a ☐ b
☐ c ☐ d

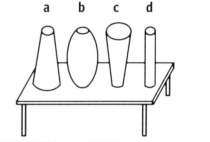

Aufgabe 3:
Mit welcher Stange kannst du den großen Stein am leichtesten anheben?

☐ a ☒ b
☐ c

Aufgabe 4:
Welcher Schalter muss geschlossen werden, damit Strom für zwei Lampen fließen kann?

☐ 1 ☐ 2
☒ 3

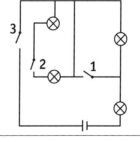

Aufgabe 5:
Welcher der vier Rahmen ist am stabilsten verstrebt?

☐ a ☐ b
☒ c ☐ d

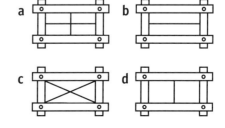

Arbeitsblatt **Technisches Verständnis**

Räder

Zeit: 10 Minuten

Sozialform: Einzelarbeit

Aufgabe:

Ein Pfeil zeigt an, in welche Richtung sich die erste Walze, das erste Zahnrad oder das erste Riemenrad der sechs Konstruktionen dreht.
Zeichne die Drehrichtung der jeweils letzten Walzen
bzw. Räder ebenfalls mit einem Pfeil ein!

Hinweis:

Vergleiche deine Ergebnisse mit dem Lösungsblatt an der Lösungsstation!

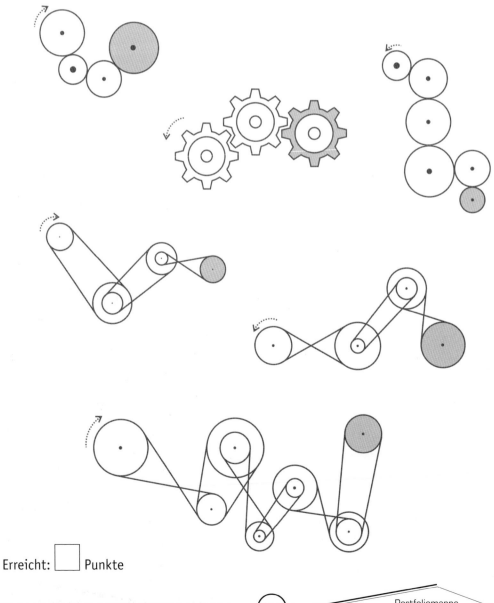

Erreicht: ☐ Punkte

Lösung ✓ **Technisches Verständnis**

16 Station **Räder**

Hinweis:

Für jeden richtig eingezeichneten Pfeil erhältst du 1 Punkt.
Du kannst maximal 6 Punkte erreichen.

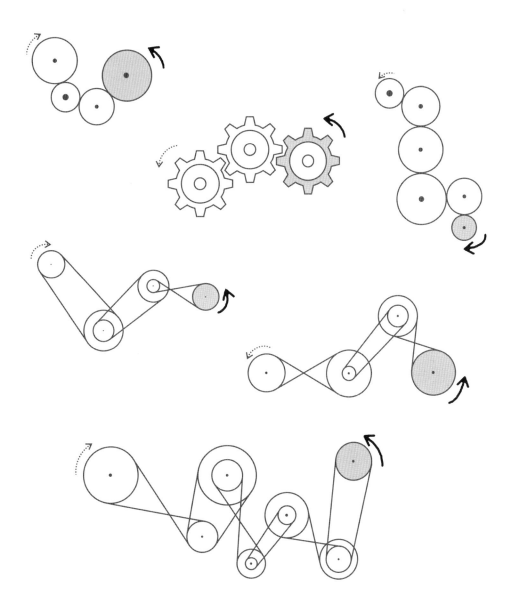

Arbeitsblatt ○ **Teamfähigkeit**

Station 17 Traumwohnsitz

Zeit: 90 Minuten

Sozialform: Teamarbeit

Aufgabe:

Als „Architektenteam" bekommt ihr den Auftrag, einen Traumwohnsitz aus den vorliegenden Materialien zu bauen.

So geht ihr vor:

1. Bildet Gruppen von je drei oder vier „Architekten".

2. Legt vor Baubeginn gemeinsam fest, für wen der Traumwohnsitz bestimmt ist. Macht euch auch Gedanken zur Lage, Aufteilung und Bauweise. Vielleicht hilft es euch ja, wenn ihr vor dem Bau ein Modell zeichnet.
Ihr könnt beim Gestalten und Bauen eurer Fantasie freien Lauf lassen, aber am Ende soll ein gemeinsames Ergebnis zu Stande kommen, mit dem alle einverstanden sind.

3. Präsentiert nach Abschluss der Arbeit euren Traumwohnsitz den anderen Gruppen. Geht bei der Vorstellung darauf ein, für wen ihr euren Wohnsitz geplant habt und wofür die einzelnen Elemente gedacht sind. Berichtet auch, wie die Arbeit in der Gruppe abgelaufen ist, zum Beispiel, wer welche Aufgaben übernommen hat und was besonders lustig oder schwierig war.

4. Anschließend könnt ihr im Plenum darüber diskutieren, für welche Zielgruppe welcher Wohnsitz am besten geeignet ist, bzw. wo wer am liebsten leben würde.

5. Zum Schluss bewertet ihr mit Hilfe des **Reflexionsbogens** (S. 120) eure Arbeit im Team. Vergesst nicht die erreichte Gesamtpunktzahl auch auf euren Stationenplan zu übertragen.

Maximal: 45 Punkte

Erreicht: ☐ Punkte

Arbeitsblatt **Teamfähigkeit**

Mobile

Zeit: 90 Minuten

Sozialform: Teamarbeit

Aufgabe:

Ziel eurer Teamarbeit ist es, aus den vorliegenden Materialien ein Mobile zu bauen.

So geht ihr vor:

1. Bildet Gruppen mit je drei oder vier Teammitgliedern.

2. Jeder sucht sich aus den Materialien drei unterschiedliche Gegenstände aus, die er gerne an das Mobile hängen würde.

3. Beginnt dann mit dem Bau des Mobiles. Vielleicht hilft es euch ja, wenn ihr vorab eine Skizze anfertigt, wie euer Mobile am Ende aussehen soll. Ihr könnt beim Gestalten und Bauen eurer Fantasie freien Lauf lassen, aber am Ende soll ein gemeinsames Ergebnis zu Stande kommen.

4. Präsentiert nach Abschluss der Arbeit euer Mobile den anderen Gruppen. Geht bei der Vorstellung auch darauf ein, warum ihr euch gerade für diese Gegenstände entschieden habt. Berichtet auch, wie die Arbeit in der Gruppe abgelaufen ist, zum Beispiel, wer welche Aufgaben übernommen hat und was besonders lustig oder schwierig war.

5. Zum Schluss bewertet ihr mit Hilfe des **Reflexionsbogens** (S. 120) eure Arbeit im Team. Vergesst nicht, die erreichte Gesamtpunktzahl auch auf euren Stationenplan zu übertragen.

Maximal: 45 Punkte

Erreicht: ☐ Punkte

Arbeitsblatt Teamfähigkeit

(17) Reflexionsbogen

Bewerte selbst deine Arbeit im Team!

Leitfaden für Teamarbeit Selbstreflexion	Gelingt mir ...			
	immer (3 Punkte)	häufig (2 Punkte)	gelegentlich (1 Punkt)	noch nicht (0 Punkte)
1 Ich höre den anderen gut zu.				
2 Ich zeige Engagement und bringe eigene Ideen bzw. Vorschläge zur Lösung der Aufgabe mit ein.				
3 Ich lasse andere ausreden.				
4 Ich respektiere die Meinungen meiner Teammitglieder.				
5 Ich erledige die mir zugeteilten Aufgaben konzentriert und lasse mich nicht ablenken.				
6 Ich bin offen und ehrlich zu anderen.				
7 Ich versuche, meine Teammitglieder zu motivieren, wenn es nötig ist.				
8 Ich übernehme Verantwortung für meinen Teil der Teamarbeit.				
9 Ich achte darauf, dass anfallende Arbeiten gleichmäßig verteilt werden.				
10 Ich trage dazu bei, dass Entscheidungen demokratisch getroffen werden.				
11 Ich halte Regeln und Absprachen ein.				
12 Ich gehe auf die Vorschläge und Gedanken anderer ein.				
13 Ich arbeite mit anderen zusammen und vermeide Konkurrenzkämpfe.				
14 Ich unterstütze meine Teammitglieder, wenn sie Hilfe benötigen.				
15 Ich gebe meinen Teammitgliedern positives Feedback, wenn mir etwas besonders gut gefallen hat.				
Gesamtpunktzahl:				

Arbeitsblatt **Kommunikationsfähigkeit**

Überzeugend argumentieren

Zeit: 30 Minuten

Sozialform: Teamarbeit

Aufgabe:

Bei diesem Spiel sollt ihr um die Wette Argumente dafür erfinden, warum unterschiedlichste Gegenstände und Fähigkeiten für eine bestimmte Person wichtig sind.

So geht ihr vor:

1. Bildet Gruppen mit 5–10 Spielern und setzt euch in einem Stuhlkreis zusammen.

2. Legt in die Mitte des Kreises die Gegenstands- und Namenskarten. Bei 5 Spielern benötigt ihr 5 x 5 (= 25) solcher Gegenstandskarten. Beide Kartenstapel müssen verdeckt auf dem Boden liegen.

3. Das Spiel beginnt, indem eine Namenskarte aufgedeckt und laut vorgelesen wird. Alle Teilnehmer, außer der Person, deren Namen gezogen wurde, nehmen nun eine Gegenstandskarte vom zweiten Stapel.

4. Jeder liest den Begriff auf der Karte. Euer Auftrag ist es nun, die genannte Person davon zu überzeugen, dass sie unter allen Umständen den Begriff oder Gegenstand braucht, der auf eurer Karte steht. Es wird reihum argumentiert.

5. Nachdem jeder seine Argumentation vorgetragen hat, entscheidet die Person, welches Argument sie am stärksten überzeugt hat und übergibt dem Sieger seine Namenskarte.

6. Eine neue Runde schließt sich an. Ein neuer Name wird gezogen.

7. Sieger ist, wer die meisten Namenskarten sammeln konnte. Pro Karte gibt es 1 Punkt.

Erreicht: ☐ Punkte

Vorlage • **Kommunikationsfähigkeit**

18 *Überzeugend argumentieren:* **Gegenstandskarten** 1/3

20 Kamele	2 Tonnen Schnee
33 Schauspieler	1 Lastwagen voller Gummibärchen
4000 Meter Wäscheleine	Eine Hand voll Sternschnuppen
250 Rosen	3 Kartons Glück
10 Bagger	15 Kilo Eiswürfel

Vorlage • **Kommunikationsfähigkeit**

Überzeugend argumentieren: Gegenstandskarten 2/3

2 Stunden Lachen	19 Sonnenbrillen
22 Clowns	15 Regenwolken
25 Nonnen	12 Gutscheine für Ohrfeigen
6 Kartons Konfetti	3 Stunden Schweigen
7 Gespenster	1 See voll Limonade

Vorlage • Kommunikationsfähigkeit

Station 18 — Überzeugend argumentieren: **Gegenstandskarten** 3/3

3 Stunden Gedankenlesen	1 Kiste Fliegenpilze
4 Fußballprofis	5 Schriftsteller
44 Lügen-Gutscheine	

Arbeitsblatt **Kommunikationsfähigkeit**

Bildgeschichte

Zeit: 90 Minuten

Sozialform: Partnerarbeit

Aufgabe:

Ihr sollt gemeinsam zu einem Bild eine Geschichte entwickeln. Dazu müsst ihr euch intensiv austauschen, euch gegenseitig zuhören sowie eigene Ideen einbringen und begründen.

So geht ihr vor:

1. Seht euch zunächst das **Bild** (S. 126) genau an und stellt möglichst viele **W-Fragen**!

    - **Wer** tut etwas?
    - **Was** geschieht?
    - **Wann** ereignet es sich?
    - **Wo** passiert es?
    - **Warum** kommt es dazu?

2. Überlegt euch dann, welche Geschichte sich hier abgespielt haben könnte. Entwickelt zunächst mündlich die Geschichte. Spielt dabei mehrere Möglichkeiten durch und lasst auch außergewöhnliche Ideen zu. Umreißt eure Ideen in 4–5 Sätzen und haltet sie schriftlich fest. Entscheidet euch dann für eine Variante.

3. Schreibt anschließend eure Geschichte auf ein Blatt Papier. Die Geschichte sollte einen Umfang von mindestens 10–12 Sätzen haben. Einigt euch, wer von euch die Geschichte aufschreiben soll. Der andere unterstützt den Partner beim Ausformulieren.

4. Bewertet euer eigenes Gesprächsverhalten und das des Partners während der gemeinsamen Arbeit. Füllt dazu den **Reflexionsbogen** (S. 129) zur Kommunikation aus.

5. Vergleicht anschließend eure Einschätzungen hinsichtlich des Gesprächsverhaltens: Habt ihr eure Gesprächshaltung ähnlich eingeschätzt, oder habt ihr euer Verhalten im Gespräch unterschiedlich wahrgenommen? Wenn sich eure Bewertungen sehr stark voneinander unterscheiden, solltet ihr unbedingt darüber diskutieren und eure Beobachtungen begründen.

6. Zählt zum Schluss die Punkte zusammen, die sich aus der Selbst- und Fremdeinschätzung ergeben haben.

Maximal: **32** Punkte

Erreicht: ☐ Punkte

Vorlage • **Kommunikationsfähigkeit**

Bildvorlage

Arbeitsblatt ○ **Kommunikationsfähigkeit**

(18) Station Comic

○ **Zeit:** 90 Minuten

Sozialform: Partnerarbeit

Aufgabe:

Ihr sollt gemeinsam zu einem noch unvollständigen Comicstrip eine Geschichte entwickeln. Dazu müsst ihr euch intensiv austauschen, euch gegenseitig zuhören sowie eigene Ideen einbringen und begründen.

So geht ihr vor:

1. Seht euch zunächst den **Comicstrip** (S. 128) genau an und stellt möglichst viele **W-Fragen**!

    - **Wer** sind die Personen?
    - **Was** geschieht?
    - **Wie** ist ihre Stimmung?
    - **Wann** ereignet es sich?
    - **Wo** passiert es?
    - **Warum** kommt es dazu?

2. Überlegt euch dann, was auf einem dritten Bild dargestellt sein könnte. Entwickelt zunächst mündlich die Geschichte. Spielt dabei mehrere Möglichkeiten durch und lasst auch außergewöhnliche Ideen zu. Umreißt eure Ideen in 4-5 Sätzen und haltet sie schriftlich fest.

3. Zeichnet dann in das letzte Feld das fehlende Bild. Denkt euch einen passenden Text für die Sprechblasen aus. Ergänzt dann gemeinsam die noch leeren Sprechblasen. Achtet darauf, dass ihr wörtliche Rede verwendet!

4. Bewertet euer eigenes Gesprächsverhalten und das des Partners während der gemeinsamen Arbeit. Füllt dazu den **Reflexionsbogen** (S. 129) zur Kommunikation aus.

5. Vergleicht anschließend eure Einschätzungen hinsichtlich des Gesprächsverhaltens: Habt ihr eure Gesprächshaltung ähnlich eingeschätzt oder habt ihr euer Verhalten im Gespräch unterschiedlich wahrgenommen? Wenn sich eure Bewertungen sehr stark voneinander unterscheiden, solltet ihr unbedingt darüber diskutieren und eure Beobachtungen begründen.

6. Zählt zum Schluss die Punkte zusammen, die sich aus der Selbst- und Fremdeinschätzung ergeben haben.

Maximal: **32** Punkte

Erreicht: ☐ Punkte

Bildvorlage

Reflexionsbogen

Selbsteinschätzung:
Mein Verhalten im Gespräch

Name: _____

	Trifft zu – 0 Punkte	Trifft manchmal zu – 1 Punkt	Trifft häufig zu – 2 Punkte
1. Ich habe meinem Partner aufmerksam zugehört.			
2. Ich habe mich im Gespräch um Blickkontakt bemüht.			
3. Ich habe meinen Partner ausreden lassen.			
4. Ich habe mir Gedanken über die Argumente und Ideen meines Partners gemacht.			
5. Ich habe es vermieden, die Vorschläge meines Partners abzuwerten.			
6. Ich habe eigene Vorschläge gemacht.			
7. Ich konnte meine Ideen gut begründen.			
8. Ich habe mich verständlich ausgedrückt.			

Fremdeinschätzung:
Das Gesprächsverhalten meines Partners

Name: _____

	Trifft zu – 0 Punkte	Trifft manchmal zu – 1 Punkt	Trifft häufig zu – 2 Punkte
1. Er hat mir aufmerksam zugehört.			
2. Er hat sich im Gespräch um Blickkontakt bemüht.			
3. Er hat mich ausreden lassen.			
4. Er hat sich Gedanken über meine Argumente gemacht.			
5. Er hat es vermieden, meine Vorschläge abzuwerten.			
6. Er hat eigene Vorschläge gemacht.			
7. Er konnte seine Ideen gut begründen.			
8. Er hat sich verständlich ausgedrückt.			

Arbeitsblatt Empathiefähigkeit

Einschätzungsbogen

Zeit: 20 Minuten

Sozialform: Partnerarbeit

Aufgabe:

Im folgenden **Einschätzungsbogen** (S. 131/132) geht es darum, wie du deine eigene Empathiefähigkeit einschätzt, aber auch, wie dein Partner dich beurteilt. Ihr solltet euch also gut kennen!

Hinweis:

Unter Empathie versteht man die Fähigkeit, sich in einen anderen Menschen hineinversetzen zu können, sein Verhalten und sein Denken zu verstehen.

So geht ihr vor:

1. Selbsteinschätzung
Es werden sechs Situationen geschildert, mit jeweils drei möglichen Verhaltensweisen. Überlege, wie du dich in solchen Situationen am ehesten verhältst. Versuche, wirklich ehrlich zu entscheiden. Kreuze in der Spalte „Ich über mich" immer nur eine der drei Antwortmöglichkeiten an.

2. Fremdeinschätzung
Überlege dir anschließend, wie sich deiner Einschätzung nach dein Partner in der gleichen Situation verhalten würde. Kreuze dies in der Spalte „Ich über meinen Partner" an.

3. Rückmeldung
In einer abschließenden Feedbackrunde teilt ihr euch mit, wie ihr euch gegenseitig in punkto Empathiefähigkeit eingeschätzt habt und kreuzt das in der Spalte „Mein Partner über mich" an. Stimmt eure Selbsteinschätzung mit der eures Partners nicht überein, ist es wichtig, dass ihr eure unterschiedlichen Wahrnehmungen begründet.

4. Ermitteln der Punkte
Dazu benötigt ihr die **Punktetabelle Empathiefähigkeit** (S. 133).

Maximal: 36 Punkte

Erreicht: ☐ Punkte

Arbeitsblatt **Empathiefähigkeit**

Station 19

Einschätzungsbogen

	Ich über mich	Mein Partner über mich	Ich über meinen Partner
1. Schulnoten Dein Sitznachbar bekommt in der Mathematikarbeit zum wiederholten Mal eine schlechte Note. Er ist sehr betroffen. Wie reagierst du am ehesten?			
a. Du zuckst mit den Schultern und sagst: „Du hättest einfach mehr lernen müssen."			
b. Du sagst: „Mach dir nichts daraus, das kann jedem einmal passieren!"			
c. Du legst ihm die Hand auf die Schulter und sagst: „Du bist ganz schön enttäuscht, oder? Das kann ich verstehen. Aber du hast ja noch eine Chance bei der nächsten Klassenarbeit."			
2. Abschied Ein Bekannter erzählt dir, dass sein Bruder eine Arbeitsstelle im Ausland antritt. Er wird ihn deshalb nur noch selten sehen können, und das macht ihn sehr traurig. Wie reagierst du am ehesten?			
a. Du fragst nach, wohin sein Bruder zieht, wie lange er weg sein wird und welche Möglichkeiten bestehen, ihn öfter zu besuchen.			
b. Du fragst, wer jetzt in das Zimmer des Bruders ziehen wird.			
c. Du erzählst ihm von jemandem, der auch ausgewandert ist und erfolgreich in sein neues Leben gestartet ist.			
3. Absage Dein bester Freund hat eine Zusage für seine Bewerbung als Bankkaufmann bei der Sparkasse bekommen. Er ruft sofort bei dir an, weil er weiß, dass du dich auch für die Stelle beworben hast. Wie reagierst du auf diese Information am Telefon am ehesten?			
a. Du sagst: „Das freut mich riesig für dich. Jetzt muss es nur noch bei mir mit einer Ausbildungsstelle klappen."			
b. Du denkst dir: „Null Bock, mich jetzt mit ihm darüber zu unterhalten, denn eigentlich hätte ich die Stelle ja auch gern gehabt!", und überlegst dir eine Ausrede, um das Gespräch schnell zu beenden.			
c. Du sagst: „Das freut mich zwar für dich, aber es wundert mich ja schon, warum sie sich gerade für dich entschieden haben!"			

Arbeitsblatt ○ **Empathiefähigkeit**

Station 19: Einschätzungsbogen

	Ich über mich	Mein Partner über mich	Ich über meinen Partner
4. Verlust Ein Freund berichtet dir weinend, dass sein neun Jahre alter Hund gestorben ist. Wie reagierst du am ehesten?			
a. Du sagst: „Ihr könnt euch ja vom Tierheim einen neuen Hund holen."			
b. Du meinst: „Echt schade! Aber er hat dir sowieso nie gefolgt."			
c. Du sagst: „Das tut mir aber leid. Ich weiß ja, wie sehr du an dem Hund gehangen bist. Erzähl doch mal, warum das denn jetzt so schnell ging."			
5. Geldnöte Dein Freund möchte unbedingt mit auf die Abschlussfahrt eurer Klasse nach Prag. Seine Eltern haben jedoch nicht das Geld, um die Reise zu bezahlen. Wie reagierst du am ehesten als du davon erfährst?			
a. Du klopfst ihm auf die Schulter und sagst: „Echt blöd, dass du zu Hause bleiben musst, aber du verpasst bestimmt nicht viel bei dem langweiligen Kulturprogramm, das wir in Prag vor uns haben."			
b. Du meinst: „Das wäre echt schade, wenn du nicht mitfahren könntest. Wir sollten das mit unseren Lehrern oder der Klasse besprechen. Vielleicht findet sich ja noch eine Möglichkeit, dass du trotzdem mitkommen kannst."			
c. Du zuckst mit den Schultern und sagst: „Wirklich blöd, aber da kann man wohl nichts daran ändern."			
6. Außenseiter Ein Klassenkamerad will am Wochenende eine kleine Gartenparty veranstalten. In einer 5-Minuten-Pause verteilt er Einladungskarten, nur Andreas lässt er aus, weil alle finden, dass er ein Langweiler ist. Andreas wirkt daraufhin ziemlich traurig und betroffen. Wie reagierst du darauf?			
a. Du denkst dir: „Sein Problem. Keine Lust, mich damit auseinanderzusetzen."			
b. Du sprichst ihn bei der nächsten Pause an: „Du, mir ist aufgefallen, dass du ziemlich bedrückt wirkst. Ist es wegen der Gartenparty?" Dann hörst du zu, was er dir erzählt.			
c. Du klopfst ihm auf die Schulter und sagst: „Nicht gut drauf? Das wird schon wieder."			

Lösung ☑ **Empathiefähigkeit**

Station 19: Einschätzungsbogen

○ **Hinweis:**

Hier seht ihr, für welche Antwort (a, b oder c) es 1, 2 oder 3 Punkte gibt.

▸▸ Übertragt in die Spalte **Ich über mich** eure eigenen Einschätzungen vom Einschätzungsbogen.
▸▸ Übertragt in die Spalte **Mein Partner über mich** die Einschätzungen eures Partners.
▸▸ Zählt anschließend die Punkte zusammen, die ihr für die jeweils geschilderte Situation erreicht habt und addiert zum Gesamtergebnis.

Punktetabelle Empathiefähigkeit	Antwortmöglichkeit		Ich über mich	Mein Partner über mich	Gesamt
1. Schulnoten	a.	1 Punkt			
	b.	2 Punkte			
	c.	3 Punkte			
2. Abschied	a.	3 Punkte			
	b.	1 Punkt			
	c.	2 Punkte			
3. Absage	a.	3 Punkte			
	b.	2 Punkte			
	c.	1 Punkt			
4. Verlust	a.	1 Punkt			
	b.	2 Punkte			
	c.	3 Punkte			
5. Geldnöte	a.	2 Punkte			
	b.	3 Punkte			
	c.	1 Punkt			
6. Außenseiter	a.	1 Punkt			
	b.	3 Punkte			
	c.	2 Punkte			

Gesamtpunktzahl ☐

Portfoliomappe Berufsfindung

Arbeitsblatt ○ **Kritikfähigkeit**

Einschätzungsbogen

○ **Zeit:** 10 Minuten

Sozialform: Einzelarbeit

Aufgabe:

Im folgenden Einschätzungsbogen geht es um das Thema „Kritik üben – Kritik annehmen". Kreuze an, wie du in der jeweiligen Situation jemanden kritisieren würdest beziehungsweise wie du auf Kritik an deiner Person reagieren würdest.

Hinweis:

Ob du eine hohe Kritikfähigkeit besitzt, kannst du an der Lösungsstation herausfinden!

1) *Mark ist ein Musikfreak. Obwohl er sich gut auskennt, ist er sehr nervös, als er im Musikunterricht ein Referat über seine Lieblingsband hält. Er hat sich große Mühe gegeben und viele Informationen zusammengetragen, aber sein Vortrag dauert sehr lange und ist etwas durcheinander. Wie würdest du Mark eine Rückmeldung geben?*

☐ „Also, ich fand das Referat total langweilig. Ich habe überhaupt nicht verstanden, was an der Band toll sein soll."

☐ „Es waren jede Menge Informationen. Du hast viel Arbeit in das Referat reingesteckt."

☐ „Dein Referat war voller Informationen, aber ich hätte es mir etwas kürzer gewünscht. So konnte ich gar nicht alles aufnehmen."

2) *Du arbeitest in den Ferien als Aushilfe in einem Handyladen. Ein Kunde kommt in den Laden und sagt wütend: „Eure Preise sind eine Unverschämtheit. Ihr seid richtige Blutsauger!" Wie reagierst du auf diese Kritik?*

☐ „Lassen Sie mich Ihnen erst noch einmal unsere Leistungen erklären, und dann sehen wir, ob ich Sie doch noch von uns überzeugen kann."

☐ „Ja genau! Wir wissen auch nicht, wie unsere Kunden es schaffen, trotz unserer Preise zu überleben!"

☐ „Schade, dass Kunden häufiger die Preise als die konkreten Leistungen der Anbieter vergleichen!"

3) *Du bist Jugendtrainer in einer Sportmannschaft und hast ein neues Trainingsprogramm zur Vorbereitung auf die Saison zusammengestellt. Ein Mannschaftsmitglied sabotiert das Training mit den Worten: „Die neuen Trainingsmethoden sind totaler Mist!" Wie reagierst du auf diese Kritik?*

☐ „Interessant, dass du das jetzt nach 2 Wochen schon beurteilen kannst!"

☐ „Es tut mir leid, dass dir das neue Trainingsprogramm nicht gefällt. Wir können gerne am Ende des Trainings darüber sprechen, was dich daran stört."

☐ „Ja genau, aber wenn meine Trainingsmethoden schon nichts bringen, dann können sie ja auch nicht schaden."

4) *Du absolvierst in einem Betrieb ein Blockpraktikum. Leider hat dein Bus, mit dem du zur Arbeit fährst, gleich an zwei aufeinanderfolgenden Tagen Verspätung. Dein Betreuer im Betrieb bittet dich daraufhin zu einem Gespräch, bei dem er dir ziemlich heftig notorische Unpünktlichkeit vorwirft, obwohl du ihm die Sachlage bereits erklärt hast. Wie reagierst du auf den Vorwurf?*

☐ „Das stimmt nicht. Ich bin immer pünktlich, aber ich kann wirklich nichts dafür, wenn sich der Bus nicht an den Fahrplan hält."

☐ Du zuckst nur mit den Schultern und sagst nichts. Der Vorwurf des Betreuers trifft ohnehin nicht zu.

☐ „Es ist mir auch unangenehm. Ist es möglich, dass ich länger da bleibe, wenn so etwas wieder passiert?"

Erreicht: ☐ Punkte

Lösung ✓ **Kritikfähigkeit**

Einschätzungsbogen

○ **Hinweis:**

Jeweils eine der drei möglichen Antworten zeigt, wie man konstruktiv Kritik üben beziehungsweise mit ihr umgehen kann. Für jede „richtige" Antwort erhältst du also 2 Punkte.

1) *Mark ist ein Musikfreak. Obwohl er sich gut auskennt, ist er sehr nervös, als er im Musikunterricht ein Referat über seine Lieblingsband hält. Er hat sich große Mühe gegeben und viele Informationen zusammengetragen, aber sein Vortrag dauert sehr lange und ist etwas durcheinander. Wie würdest du Mark eine Rückmeldung geben?*

☐ „Also, ich fand das Referat total langweilig. Ich habe überhaupt nicht verstanden, was an der Band toll sein soll."

☐ „Es waren jede Menge Informationen. Du hast viel Arbeit in das Referat reingesteckt."

☒ „Dein Referat war voller Informationen, aber ich hätte es mir etwas kürzer gewünscht. So konnte ich gar nicht alles aufnehmen."

2) *Du arbeitest in den Ferien als Aushilfe in einem Handyladen. Ein Kunde kommt in den Laden und sagt wütend: „Eure Preise sind eine Unverschämtheit. Ihr seid richtige Blutsauger!" Wie reagierst du auf diese Kritik?*

☒ „Lassen Sie mich Ihnen erst noch einmal unsere Leistungen erklären, und dann sehen wir, ob ich Sie doch noch von uns überzeugen kann."

☐ „Ja genau! Wir wissen auch nicht, wie unsere Kunden es schaffen, trotz unserer Preise zu überleben!"

☐ „Schade, dass Kunden häufiger die Preise als die konkreten Leistungen der Anbieter vergleichen!"

3) *Du bist Jugendtrainer in einer Sportmannschaft und hast ein neues Trainingsprogramm zur Vorbereitung auf die Saison zusammengestellt. Ein Mannschaftsmitglied sabotiert das Training mit den Worten: „Die neuen Trainingsmethoden sind totaler Mist!" Wie reagierst du auf diese Kritik?*

☐ „Interessant, dass du das jetzt nach 2 Wochen schon beurteilen kannst!"

☒ „Es tut mir leid, dass dir das neue Trainingsprogramm nicht gefällt. Wir können gerne am Ende des Trainings darüber sprechen, was dich daran stört."

☐ „Ja genau, aber wenn meine Trainingsmethoden schon nichts bringen, dann können sie ja auch nicht schaden."

4) *Du absolvierst in einem Betrieb ein Blockpraktikum. Leider hat dein Bus, mit dem du zur Arbeit fährst, gleich an zwei aufeinanderfolgenden Tagen Verspätung. Dein Betreuer im Betrieb bittet dich daraufhin zu einem Gespräch, bei dem er dir ziemlich heftig notorische Unpünktlichkeit vorwirft, obwohl du ihm die Sachlage bereits erklärt hast. Wie reagierst du auf den Vorwurf?*

☐ „Das stimmt nicht. Ich bin immer pünktlich, aber ich kann wirklich nichts dafür, wenn sich der Bus nicht an den Fahrplan hält."

☐ Du zuckst nur mit den Schultern und sagst nichts. Der Vorwurf des Betreuers trifft ohnehin nicht zu.

☒ „Es ist mir auch unangenehm. Ist es möglich, dass ich länger da bleibe, wenn so etwas wieder passiert?"

Vorlage • Kritikfähigkeit

Station 20: Umgang mit Kritik

Tipps, wie du konstruktiv Kritik äußern kannst

- **Formuliere deine Kritik in der Ich-Form!**
  Deine Kritik ist deine ganz persönliche Meinung. Floskeln wie „Man sollte ..." oder „Jemand müsste ..." sind unzulässige Verallgemeinerungen. Du kannst deine Sätze z.B. mit „Ich habe bemerkt ..." oder „Mir ist aufgefallen ..." beginnen.

- **Beginne mit einer positiven Aussage!**
  Dein Gesprächspartner wird deiner Kritik offener gegenüberstehen, wenn du mit den positiven Eindrücken beginnst, z.B. „Dein Einstieg in die Präsentation hat mir sehr gut gefallen, bei den Erklärungen zu ... hatte ich Probleme, dir zu folgen."

- **Bleibe in deiner Kritik sachlich und beziehe dich auf konkrete Situationen!**
  Kritisiere niemals den Menschen, wie z.B. „Du bist faul!" oder „Du kannst nicht viel!". Solche Kritik ist destruktiv. Nimm nur zu einem konkreten Verhalten oder einer bestimmten Arbeit Stellung.

- **Versetze dich in dein Gegenüber!**
  Versuche, dich in dein Gegenüber hineinzuversetzen und zu überlegen, wie er sich fühlt. Du kannst dann auch ruhig sagen: „Ich verstehe deinen Standpunkt. Ich könnte mir aber vorstellen ..."

- **Zeige mögliche Alternativen auf!**
  Dein Gegenüber soll auf Grund deiner Rückmeldung Möglichkeiten erkennen, etwas zu verändern. Formuliere mögliche Änderungen als Vorschlag, wie z.B. „Hast du dir auch überlegt, ob ...".

Tipps, wie du Kritik annehmen sollst

- **Höre aufmerksam zu!**
  Bevor du reagierst, warte ab, was dein Gegenüber dir zu sagen hat. Unterbrich ihn nicht und nimm keine Abwehrhaltung ein.

- **Nimm Kritik an!**
  Wenn du der Meinung bist, die Kritik sei nicht zutreffend, frage nach, worauf dein Gegenüber seine Aussage begründet.

- **Nütze Kritik als Chance!**
  Man kann jede Sache aus mehreren Perspektiven sehen. Nütze die Chance, dazu zu lernen, wenn dir jemand eine andere Sichtweise aufzeigt.

- **Vermeide Ausflüchte!**
  Ist etwas daneben gegangen, suche keine Ausflüchte und versuche nicht, dich herauszureden. Wer arbeitet macht Fehler. Gib einen Fehler zu, wenn dir einer unterlaufen ist und frage die anderen nach Verbesserungsvorschlägen.

- **Biete Lösungsvorschläge an!**
  Überlege, was du auf Grund der Kritik verändern könntest. Mache selbst Lösungsvorschläge und diskutiere sie mit deinem Gegenüber.

Arbeitsblatt ○ **Zuverlässigkeit**

Einschätzungsbogen

○ **Zeit:** 15 Minuten

Sozialform: Partnerarbeit

Aufgabe:

Im folgenden **Einschätzungsbogen** (S. 138/139) geht es darum, wie du deine eigene Zuverlässigkeit einschätzt, aber auch, wie dein Partner dich beurteilt. Ihr solltet euch also gut kennen!

So geht ihr vor:

1. Selbsteinschätzung

Es werden vier Situationen geschildert, mit jeweils sechs möglichen Verhaltensweisen. Überlege, wie du dich in solchen Situationen am ehesten verhältst. Versuche, wirklich ehrlich zu entscheiden. Kreuze in der Spalte „Ich über mich" immer nur eine der drei Antwortmöglichkeiten an.

2. Fremdeinschätzung

Überlege dir anschließend, wie sich deiner Einschätzung nach dein Partner in der gleichen Situation verhalten würde. Kreuze dies in der Spalte „Ich über meinen Partner" an.

3. Rückmeldung

In einer abschließenden Feedbackrunde teilt ihr euch mit, wie ihr euch gegenseitig in punkto Zuverlässigkeit eingeschätzt habt und kreuzt dies in der Spalte „Mein Partner über mich" an. Stimmt eure Selbsteinschätzung mit der eures Partners nicht überein, ist es wichtig, dass ihr eure unterschiedlichen Wahrnehmungen begründet.

4. Ermitteln der Punkte

Dazu benötigt ihr die **Punktetabelle Zuverlässigkeit** (S. 140).

Maximal: 24 Punkte

Erreicht: ☐ Punkte

Arbeitsblatt ○ **Zuverlässigkeit**

Einschätzungsbogen

	Ich über mich	Mein Partner über mich	Ich über meinen Partner
1. Arbeitsmaterialien Für Gruppenarbeiten müsst ihr immer wieder verschiedene Materialien mitbringen, z.B. Zeitungen, Illustrierte, Klebstoff, Schere, Bücher, vorbereitete Informationen. Wie geht es dir damit?			
a. Du hast immer alles dabei, was vereinbart wurde.			
b. Manchmal hast du alles dabei, aber manchmal musst du dir auch verschiedene Materialien von deinen Mitschülern ausleihen.			
c. Du vergisst sehr häufig, das notwendige Material mitzubringen. Da kann man halt nichts machen.			
2. Ausgeliehenes Ein Freund hat dir über das Wochenende seinen MP3-Player ausgeliehen, und du hast ihm versprochen, diesen am Montag zurückzugeben. Wie handelst du in der Regel?			
a. Du hast den MP3-Player am Sonntagabend zurechtgelegt und dann aber am doch vergessen, ihn am Morgen mitzunehmen.			
b. Wenn du es versprochen hast, hältst du es auch. Natürlich bringst du den MP3-Player am Montag mit.			
c. Du hast am Wochenende nicht alle Songs anhören können. Jetzt brauchst du das Gerät noch ein paar Tage, aber du findest, das sollte für deinen Freund kein Problem darstellen.			
3. Pünktlichkeit Es gibt immer wieder Termine, bei denen es auf Pünktlichkeit ankommt: Unterrichtsbeginn, Abgabetermine für schriftliche Arbeiten, Verabredungen in der Familie, Treffen mit Freunden, Abreisetermine etc. Wie ist dein Verhalten in punkto Pünktlichkeit?			
a. Du bist bekannt für deine Pünktlichkeit. Wenn andere zu spät kommen, ärgert dich das.			
b. Du bemühst dich ernsthaft um Pünktlichkeit, aber immer wieder schlägt dir die Uhr ein Schnippchen.			
c. Nur kein Stress! Kleine Verspätungen sind keine Katastrophe.			

Arbeitsblatt ○ **Zuverlässigkeit**

Einschätzungsbogen

	Ich über mich	Mein Partner über mich	Ich über meinen Partner
4. Planung Du planst gemeinsam mit zwei Freunden am Wochenende eine mehrtägige Radtour. Du erklärst dich bereit, den Proviant, den ihr mitnehmen wollt, einzukaufen. Gemeinsam erstellt ihr eine Einkaufsliste. Am Tag vor der Abreise wollt ihr euch treffen, um alles, was zu transportieren ist, aufzuteilen. Welche Vorgehensweise ist für dich typisch?			
a. Als du am späten Freitagnachmittag im Supermarkt einkaufen willst, hat dieser schon zu. Bei eurem Treffen am Abend machst du den Vorschlag, alles gemeinsam am Samstag zu besorgen.			
b. Du hast alles genau nach der Liste besorgt. Du hast sogar deine Freunde nochmals angerufen, um nachzufragen, ob ihnen noch etwas eingefallen ist.			
c. Als du zum Einkaufen gehst, vergisst du die Liste zu Hause, und prompt fällt dir im Supermarkt nicht mehr alles ein, was du besorgen solltest. Als ihr euch am Abend trefft, bringst du alles mit, was du eingekauft hast. Du schlägst vor, die Kleinigkeiten, die du vergessen hast, unterwegs einzukaufen.			

Lösung ✓ Zuverlässigkeit

Einschätzungsbogen

○ **Hinweis:**

Hier seht ihr, für welche Antwort (a, b oder c) es 1, 2 oder 3 Punkte gibt.

▸▸ Übertragt in die Spalte **Ich über mich** eure eigenen Einschätzungen vom Einschätzungsbogen.
▸▸ Übertragt in die Spalte **Mein Partner über mich** die Einschätzungen eures Partners.
▸▸ Zählt anschließend die Punkte zusammen, die ihr für die jeweils geschilderte Situation erreicht habt und addiert zum Gesamtergebnis.

Punktetabelle Zuverlässigkeit	Antwortmöglichkeit		Ich über mich	Mein Partner über mich	Gesamt
1. Arbeitsmaterialien	a.	3 Punkte			
	b.	2 Punkte			
	c.	1 Punkt			
2. Ausgeliehenes	a.	2 Punkte			
	b.	3 Punkte			
	c.	1 Punkt			
3. Pünktlichkeit	a.	3 Punkte			
	b.	2 Punkte			
	c.	1 Punkt			
4. Planung	a.	1 Punkt			
	b.	3 Punkte			
	c.	2 Punkte			

Gesamtpunktzahl ☐

Arbeitsblatt ○ **Konfliktfähigkeit**

Einschätzungsbogen

○ **Zeit:** 20 Minuten

Sozialform: Partnerarbeit

Aufgabe:

Im folgenden **Einschätzungsbogen** (S. 142/143) geht es darum, wie du dein eigenes Verhalten bei Konfliktsituationen einschätzt, aber auch, wie dein Partner dich beurteilt. Ihr solltet euch also gut kennen!

So geht ihr vor:

1. Selbsteinschätzung
Es werden sechs Situationen geschildert mit jeweils drei möglichen Verhaltensweisen. Überlege, wie du dich in solchen Situationen am ehesten verhältst. Versuche, wirklich ehrlich zu entscheiden. Kreuze in der Spalte „Ich über mich" immer nur eine der drei Antwortmöglichkeiten an.

2. Fremdeinschätzung
Überlege dir anschließend, wie sich deiner Einschätzung nach dein Partner in der gleichen Situation verhalten würde.
Kreuze dies in der Spalte „Ich über meinen Partner" an.

3. Rückmeldung
In einer abschließenden Feedbackrunde teilt ihr euch mit, wie ihr euch gegenseitig in punkto Konfliktfähigkeit eingeschätzt habt und kreuzt das in der Spalte „Mein Partner über mich" an. Stimmt eure Selbsteinschätzung mit der eures Partners nicht überein, ist es wichtig, dass ihr eure unterschiedlichen Wahrnehmungen begründet.

4. Ermitteln der Punkte
Dazu benötigt ihr die **Punktetabelle Konfliktfähigkeit** (S. 144).

Maximal: **36** Punkte

Erreicht: ☐ Punkte

Arbeitsblatt ○ **Konfliktfähigkeit**

Einschätzungsbogen

	Ich über mich	Mein Partner über mich	Ich über meinen Partner
1. Kino Du hörst, wie sich ein paar Klassenkameraden für den Abend zum Kino verabreden. Du möchtest auch gerne mitgehen. Was tust du?			
a. Du denkst beleidigt: „Die wollen mich nicht dabeihaben, sonst hätten sie mich gefragt." Du sagst nichts.			
b. Du rufst in die Gruppe: „He, nimmt ihr mich auch mit?" Nachdem keiner reagiert, gibst du auf und schimpfst leise vor dich hin.			
c. Nach der Pause sprichst du einen Klassenkameraden alleine an und fragst: „Ich würde gerne mitkommen. Was meinst du?"			
2. Hausaufgaben Zur Vorbereitung auf die Klassenarbeit sollt ihr zu Hause eine Gedichtinterpretation schreiben. Ein Mitschüler ist recht hilflos und bittet dich, ihm zu helfen. Du diktierst ihm also, was er schreiben soll. Der Lehrer bemerkt bei der Besprechung die Ähnlichkeit der beiden Aufsätze und fragt, wer denn von wem abgeschrieben habe. Wie reagierst du?			
a. Du sagst: „Mir egal!", und läufst wütend aus dem Zimmer.			
b. Du sagst zum Lehrer: „Das möchte ich gerne aufklären. Können wir alle drei die Sache nach der Stunde besprechen?"			
c. Du sagst vor der ganzen Klasse: „Ich habe nicht abgeschrieben!"			
3. Diebstahl Du kommst ins Klassenzimmer und siehst, wie sich ein Mitschüler an einer fremden Tasche zu schaffen macht. Wir reagierst du?			
a. Du denkst: „Am besten gehe ich wieder, aber ich werde ihn einmal darauf ansprechen!", und machst die Tür wieder zu.			
b. Du gehst auf den Mitschüler zu und fragst: „Was macht du denn da? Das ist doch die Tasche von Lena."			
c. Du denkst: „Aha, der stiehlt mal wieder. Das werde ich den anderen sagen!"			

Arbeitsblatt **Konfliktfähigkeit**

Einschätzungsbogen

	Ich über mich	Mein Partner über mich	Ich über meinen Partner
4. Streiterei Auf dem Pausenhof gibt es schon wieder heftig Streit zwischen einer Schülerin und einem Schüler aus der neunten Klasse. Die beiden beschimpfen sich. Fast sieht es so aus, als würden sie gleich handgreiflich. Wie verhältst du dich?			
a. Du denkst: „Das darf doch nicht wahr sein!", und gehst zu den beiden hin, um den Streit zu schlichten.			
b. Du denkst: „Das darf doch nicht wahr sein", gehst zu den beiden hin und versuchst, den Streit zu schlichten.			
c. Du denkst: „Eigentlich müsste mal jemand mit den beiden reden", und benachrichtigst einen Lehrer, der Pausenaufsicht hat.			
5. Computerspiele Ein guter Freund leiht sich oft Computerspiele von dir aus, ohne sie dir anschließend wieder zurückzugeben. Wie machst du ihm klar, dass du das nicht gut findest?			
a. Du sagst: „Ich kapiere überhaupt nicht, warum du ständig meine Spiele ausleihst, wenn du die meisten doch sowieso nicht verstehst!"			
b. Du sagst: „Es ärgert mich, dass du mir meine Computerspiele nie zurückgibst. Ich habe echt keine Lust mehr, dir etwas auszuleihen."			
c. Du sagst: „Es ist ja kein Problem, wenn du meine Computerspiele ausleihst, aber ich hätte sie dann auch gerne wieder zurück. Ich habe lange für die Spiele gespart."			
6. Bäckerei In einer Bäckerei willst du dir einige Brötchen kaufen. Als du an der Reihe wärst, drängt sich eine ältere Dame vor. Du nimmst das kopfschüttelnd hin. Als sie endlich fertig ist und du gerade deine Bestellung aufgeben willst, schiebt sich ein kräftiger Mann vor dich. Wie reagierst du?			
a. Du sprichst den Mann an: „Entschuldigen Sie, aber ich bin der Nächste. Ich war schon vor Ihnen da."			
b. Du zuckst mit den Schultern und wartest weiter ab.			
c. Du drängst dich an dem Mann vorbei und rufst der Verkäuferin deine Bestellung zu.			

Lösung ✓ **Konfliktfähigkeit**

Einschätzungsbogen

○ **Hinweis:**

Hier seht ihr, für welche Antwort (a, b oder c) es 1, 2 oder 3 Punkte gibt.

» Übertragt in die Spalte **Ich über mich** eure eigenen Einschätzungen vom Einschätzungsbogen.
» Übertragt in die Spalte **Mein Partner über mich** die Einschätzungen eures Partners.
» Zählt anschließend die Punkte zusammen, die ihr für die jeweils geschilderte Situation erreicht habt und addiert zum Gesamtergebnis.

Punktetabelle Konfliktfähigkeit	Antwortmöglichkeit		Ich über mich	Mein Partner über mich	Gesamt
1. Kino	a.	1 Punkt			
	b.	2 Punkte			
	c.	3 Punkte			
2. Hausaufgaben	a.	0 Punkte			
	b.	3 Punkte			
	c.	2 Punkte			
3. Diebstahl	a.	2 Punkte			
	b.	3 Punkte			
	c.	0 Punkte			
4. Streiterei	a.	2 Punkte			
	b.	0 Punkte			
	c.	3 Punkte			
5. Computerspiele	a.	0 Punkte			
	b.	2 Punkte			
	c.	3 Punkte			
6. Bäckerei	a.	3 Punkte			
	b.	1 Punkt			
	c.	2 Punkte			

Gesamtpunktzahl ☐

Anhang

Auswertung der Stationenarbeit

Literatur- & Linktipps

Arbeitsblatt

Mit Kompetenz zum Beruf

Arbeitsblatt zur Auswertung

Wertet zum Schluss die Stationenarbeit aus. Dazu benötigt ihr das Arbeitsblatt **Haus meiner Fähigkeiten** (S. 148) und die **Prozent-Punktetabelle** (S. 149).

1. Berechnet zuerst die Prozentwerte, die ihr bei den einzelnen Aufgaben erreicht habt.

2. Wählt dann von jeder Station die zwei Aufgaben mit den höchsten Prozentwerten aus.

3. Je nach erreichten Prozentwerten schraffiert ihr die einzelnen Räume zu den Fähigkeitsbereichen im **Haus meiner Fähigkeiten**.

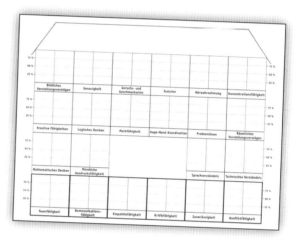

Ist das **Haus meiner Fähigkeiten** ausgefüllt, kannst du daraus ablesen, in welchen Bereichen du besondere Stärken hast.

4. Schreibe in die Felder jene vier Fähigkeiten, in denen du laut dem **Haus meiner Fähigkeiten** die höchsten Prozentwerte erreicht hast. Hast du in vielen Bereichen hohe Prozentwerte, dann überlege dir, welche dieser Fähigkeiten du am liebsten nutzt.

Meine Spitzenfähigkeiten

Arbeitsblatt

Mit Kompetenz zum Beruf

5. Im Informationsblatt **Fähigkeiten – Berufsfelder – Berufe** (S. 151–160) sind viele Berufsfelder und Berufe aufgeführt, für die bestimmte Fähigkeiten besonders wichtig sind. Suche dir bis zu vier Berufsfelder heraus, in denen du deine Fähigkeiten wiederfindest und die dich besonders interessieren. Trage sie in die Felder ein.

Bevorzugte Berufsfelder

6. Recherchiere nun im Internet unter:
http://infobub.arbeitsagentur.de
Klicke auf den Link **Berufenet** und mache dich mit einem weiteren Klick auf die **Suche nach Berufsfeldern**. Schaue dir deine bevorzugten Berufsfelder genau an, und klicke dich anschließend zu den einzelnen Berufen durch. Suche dir aus den vorgestellten Berufen drei aus, die für dich in Frage kämen.

7. Fertige zu den von dir favorisierten Berufen **Mind Maps**® mit allen wichtigen Informationen an.

8. Hast du schon einen Favoriten?
Wenn kein Beruf dabei ist, der deinen Vorstellungen entspricht, erforsche einen oder mehrere Berufe deiner Wahl auf die gleiche Weise.

Hinweis:

Über die Ergebnisse deines Auswahlprozesses solltest du dich mit deinen Mitschülern, Lehrern oder Eltern austauschen!

Das Haus meiner Fähigkeiten

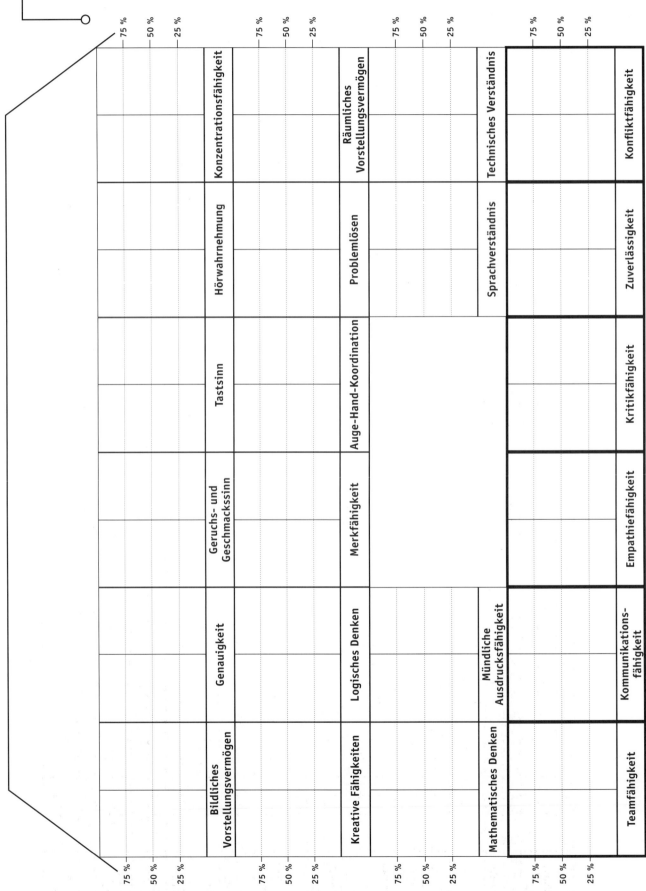

Prozent-Punktetabelle 1/2

Maximal erreichbare Punkte: 6

Punkte	1	2	3	4	5	6
%	16	33	50	66	83	100

Maximal erreichbare Punkte: 7

Punkte	1	2	3	4	5	6	7
%	14	29	43	57	71	86	100

Maximal erreichbare Punkte: 8

Punkte	1	2	3	4	5	6	7	8
%	13	25	38	50	66	75	88	100

Maximal erreichbare Punkte: 9

Punkte	1	2	3	4	5	6	7	8	9
%	11	22	33	44	56	67	78	89	100

Maximal erreichbare Punkte: 10

Punkte	1	2	3	4	5	6	7	8	9	10
%	10	20	30	40	50	60	70	80	90	100

Maximal erreichbare Punkte: 12

Punkte	1	2	3	4	5	6	7	8	9	10	11	12
%	8	17	25	33	42	50	58	75	75	83	92	100

Maximal erreichbare Punkte: 15

Punkte	1	2	3	4	5	6	7	8	9	10	11	12	13	14	15
%	7	13	20	27	33	40	47	53	60	67	73	80	87	93	100

Maximal erreichbare Punkte: 16

Punkte	1	2	3	4	5	6	7	8	9	10	11	12	13	14	15	16
%	6	13	19	25	31	38	44	50	56	63	69	75	81	88	94	100

Maximal erreichbare Punkte: 20

Punkte	1	2	3	4	5	6	7	8	9	10	11	12	13	14	15	16	17	18	19	20
%	5	10	15	20	25	30	35	40	45	50	55	60	65	70	75	80	85	90	95	100

Maximal erreichbare Punkte: 24

Punkte	1	2	3	4	5	6	7	8	9	10	11	12	13	14	15	16	17	18	19	20	21	22	23	24
%	4	8	13	17	21	25	30	33	38	42	46	50	54	58	63	71	65	75	83	83	88	92	96	100

Prozent–Punktetabelle 2/2

Maximal erreichbare Punkte: 25

Punkte	1	2	3	4	5	6	7	8	9	10	11	12	13	14	15	16	17	18	19	20	21	22	23	24	25
%	4	8	12	16	20	24	28	32	36	40	44	48	52	56	60	64	68	72	76	80	84	88	92	96	100

Maximal erreichbare Punkte: 32

Punkte	1	2	3	4	5	6	7	8	9	10	11	12	13	14	15	16	17	18	19	20	21	22	23	24	25	26	27	28	29	30	31	32
%	3	6	9	13	16	19	22	25	28	31	34	38	41	44	47	50	53	56	59	63	66	69	72	75	78	81	84	88	91	94	97	100

Maximal erreichbare Punkte: 36

Punkte	1	2	3	4	5	6	7	8	9	10	11	12	13	14	15	16	17	18	19	20	21	22	23	24	25	26	27	28	29	30	31	32	33	34	35	36
%	3	6	8	11	14	17	19	22	25	28	31	33	36	39	42	44	47	50	53	56	58	61	64	67	69	72	75	78	81	83	86	89	92	94	97	100

Maximal erreichbare Punkte: 45

Punkte	1	2	3	4	5	6	7	8	9	10	11	12	13	14	15	16	17	18	19	20	21	22	23	24	25	26	27	28	29	30	31	32	33	34	35	36	37	38	39	40	41	42	43	44	45
%	2	4	7	9	11	13	16	18	20	22	24	27	29	31	33	36	38	40	42	44	47	49	51	53	56	58	60	62	64	67	69	71	73	76	78	80	82	84	87	89	91	93	96	98	100

Vorlage

Fähigkeiten – Berufsfelder – Berufe

In der Auflistung findest du einfache Erklärungen zu verschiedenen Fähigkeiten und beispielhaft einige Berufsfelder, in denen diese Fähigkeiten gefordert sind.

Wenn du mehr über die Berufe wissen willst, die zu diesen Berufsfeldern gehören, recherchiere unter folgender Internetadresse:
http://infobub.arbeitsagentur.de

Erklärung	Berufsfelder	Beispielberufe
Bildliches Vorstellungsvermögen		
Du kannst dir Gegenstände, Abbildungen, Farben, Räume, Vorgänge usw. als Bilder im Kopf vorstellen.	▶ **Bau, Architektur, Vermessung** (Hoch-/Tiefbau, Raumplanung…) ▶ **Produktion, Fertigung** (Holz, Keramik, Baustoffe u. Natursteine …) ▶ **Medien** (PR, Werbung, Film, Foto, Layout, Druck…) ▶ **Technik, Technologiefelder** (Konstruktion u. technisches Zeichnen, Fahrzeug- u. Verkehrstechnik …) ▶ **Metall, Maschinenbau** (Metallbau, Modellbau, Feinmechanik u. Werkzeugbau, Zerspanungstechnik, Metallerzeugung u. Gießerei …) ▶ **Kunst, Kultur, Gestaltung** (Kunsthandwerk, Bühne, Design, Denkmalschutz …)	Bauzeichner/in, Zimmermeister/in, Architekt/in, Vermessungstechniker/in, Restaurator/in, Raumgestalter/in, Kachelofenbauer/in, Steinmetz/in, Tischler/in, Maler/in u. Tapezierer/in, Maler/in u. Lackierer/in, Metallbauer/in, Modellbauer/in, Keramiker/in, Fotograf/in, Fotomedienfachmann/-frau, Fotomedienlaborant/in, Glasbläser/in, Fotodesigner/in, Grafikdesigner/in, Kommunikationsdesigner/in, Kameramann/-frau, Mediengestalter/in, Gestalter/in f. visuelles Marketing, Layouter/in
Genauigkeit		
Du bist in der Lage, sorgfältig, gründlich und genau deine Arbeiten zu erledigen.	▶ **Technik, Technologiefelder** (Biotechnologie, Luft- u. Raumfahrttechnik, Fahrzeugtechnik, Konstruktion u. technisches Zeichnen …) ▶ **Elektro** (Gerätetechnik, Installationen, Informations- u. Kommunikationstechnik, Mechatronik …) ▶ **Metall, Maschinenbau** (Feinmechanik, Zerspanungstechnik …)	Kraftfahrzeugmechatroniker/in, Industriemechaniker/in, Fluggerätemechaniker/in, Anlagenmechaniker/in, Mikrotechnologe/in, Elektroniker/in, Hörgeräteakustiker/in, Graveur/in, Büchsenmacher/in, Chirurgiemechaniker/in, Werkzeugmechaniker/in, Feinwerkmechaniker/in, Metallschleifer/in, Energie- u. Gebäudetechniker/in, Augenoptiker/in, Klavierbauer/in, Orgel- u. Harmoniumbauer/in, Baustoffprüfer/in, Werkstoffprüfer/in,

Fähigkeiten – Berufsfelder – Berufe

Erklärung	Berufsfelder	Beispielberufe
Fortsetzung „Genauigkeit"	▶ **Produktion, Fertigung** (Instrumentenbau, Qualitätssicherung – Lebensmittel, Getränke …) ▶ **Dienstleistung** (Sauberkeit u. Hygiene, Schutz u. Sicherheit …) ▶ **Wirtschaft, Verwaltung** (Büro, Handel, Geld, Versicherungen, Rechnungswesen …) ▶ **Verkehr, Logistik** (Berufe um Auto, Flugzeug, Schiff; Lager …) ▶ **Naturwissenschaften** (Chemie, Biologie, Mathematik, Pharmazie, Labor …) ▶ **Bau, Architektur, Vermessung** (Hoch-/Tiefbau, Raumplanung …)	Koch/Köchin, Fleischer/in, Konditor/in, Brauer/in u. Mälzer/in, Destillateur/in, Pharmazeutisch-technische/r Assistent/in, Orthopädieschuhmacher/in, Drogist/in, Fachkraft f. Arbeitssicherheit, Bankkaufmann/-frau, Bürokaufmann/-frau, Steuerfachangestellte/r, Berufskraftfahrer/in, Berufsflugzeugführer/in, Fluglotse/Fluglotsin, Leichtflugzeugbauer/in, Bootsbauer/in, Schiffsmechaniker/in, Chemielaborant/in, Fotolaborant/in, Pharmakant/in, Bauzeichner/in, Vermessungstechniker/in, Ausbaufacharbeiter/in, Fliesen-, Platten- u. Mosaikleger/in, Glaser/in, Uhrmacher/in, Werkstoffprüfer/in
Geruchs- und Geschmackssinn		
Du kannst unterschiedliche Gerüche und Geschmacksrichtungen wahrnehmen und zuordnen.	▶ **Dienstleistung** (Hotel- u. Gaststättengewerbe, Berufe rund um den Haushalt) ▶ **Produktion, Fertigung** (Berufe mit Lebensmitteln, Getränken …)	Bäcker/in, Brauer/in u. Mälzer/in, Fachkraft f. Lebensmitteltechnik, Fachkraft f. Süßwarentechnik, Fleischer/in, Konditor/in, Weinküfer/in, Molkereifachmann/-frau, Koch/Köchin, Restaurantfachmann/-frau, Barmeister/in, Diätassistent/in, Drogist/in
Tastsinn		
Deine Hände und Finger nehmen unterschiedliche Materialien und Formen wahr.	▶ **Gesundheit** (Medizin, Therapie, Pflege …) ▶ **Kunst, Kultur, Gestaltung** (Kunsthandwerk, Schmuck, Restaurierung …)	Masseur/in u. medizinische/r Bademeister/in, Physiotherapeut/in, Maskenbildner/in, Kosmetiker/in, Orthopädieschuhmacher/in, Ergotherapeut/in, Manufakturporzellanmaler/in, Goldschmied/in, Graveur/in, Tierpfleger/in
Hörwahrnehmung		
Du kannst unterschiedliche Geräusche und Klänge voneinander unterscheiden und ihren Quellen zuordnen.	▶ **Verkehr, Logistik** (Berufe um Auto, Eisenbahn …) ▶ **Kunst, Kultur, Gesang** (Berufe mit Musik, Bühne u. Theater …) ▶ **Produktion, Fertigung** (Musikinstrumentenbau …)	Busfahrer/in, Lokführer/in, Musiker/in, Musiklehrer/in, Tänzer/in, Musikalienhändler/in, Geigenbauer/in, Holzblasinstrumentenmacher/in, Metallblasinstrumentenmacher/in, Klavierbauer/in, Hörgeräteakustiker/in, Dolmetscher/in, Logopäde/Logopädin

Fähigkeiten – Berufsfelder – Berufe

Erklärung	Berufsfelder	Beispielberufe
Konzentrationsfähigkeit		
Du kannst einer Aufgabe über längere Zeit deine volle Aufmerksamkeit zuwenden und lässt dich auch von anderen Einflüssen nicht ablenken.	▶ **Verkehr, Logistik** (Berufe um Auto, Flugzeug, Schiff …) ▶ **IT, DV, Computer** (Hard- u. Softwareentwicklung, IT-Administration …) ▶ **Wirtschaft, Verwaltung** (Versicherungen, Rechnungswesen …) ▶ **Dienstleistung** (Berufe mit Fremdsprachen, Callcenter …)	Berufskraftfahrer/in, Eisenbahner/in im Betriebsdienst, Berufsflugzeugführer/in, Fluglotse/Fluglotsin, Binnenschiffer/in, Kapitän/in Hochseefischerei, Fachinformatiker/in, Softwareentwickler/in, Webdesigner/in, Layouter/in, Bankkaufmann/-frau, Kaufmann/-frau f. Versicherung u. Finanzen, Kaufmann/-frau f. Dialogmarketing, Dolmetscher/in, Baugeräteführer/in
Kreative Fähigkeiten		
Du denkst, handelst und gestaltest fantasievoll und ungewöhnlich.	▶ **Bau, Architektur, Vermessung** (Hoch-/Tiefbau, Raumplanung …) ▶ **Kunst, Kultur, Gestaltung** (Kunsthandwerk, Bühne, Design, Denkmalschutz …) ▶ **Medien** (PR, Film, Foto, Layout, Druck …) ▶ **Landwirtschaft, Natur, Umwelt** (Pflanzen, Umwelt- u. Naturschutz …) ▶ **Soziales, Pädagogik** (Erziehung, Schule …) ▶ **Produktion, Fertigung** (Bekleidung, Textilien, Farben u. Lacke, Holz, Keramik, Glas …) ▶ **Gesundheit** (Sport u. Bewegung …)	Architekt/in, Restaurator/in, Raumgestalter/in, Kachelofenbauer/in, Steinmetz/in, Manufakturporzellanmaler/in, Designer/in, Bühnenmaler/in, Goldschmied/in, Graveur/in, Holzbildhauer/in, Keramiker/in, Sänger/in, Tänzer/in, Schauspieler/in, Fotograf/in, Kameramann/-frau, Friseur/in, Maskenbildner/in, Mediengestalter/in, Journalist/in, Online-Redakteur/in, Layouter/in, Web-Designer/in, Siebdrucker/in, Gärtner/in, Florist/in, Lehrer/in, Animateur/in, Maler/in u. Lackierer/in, Raumausstatter/in, Maßschneider/in, Modist/in, Holzbildhauer/in, Tischler/in, Sportfachmann/-frau, Sportlehrer/in
Logisches Denken		
Du kannst Probleme und Aufgaben systematisch und folgerichtig lösen. Deine Schlussfolgerungen und Aussagen sind einleuchtenden und richtig.	▶ **IT, DV, Computer** (Hard- u. Softwareentwicklung, IT-Administration …) ▶ **Elektro** (Gerätetechnik, Installationen, Informations- u. Kommunikationstechnik, Mechatronik …) ▶ **Technik, Technologiefelder** (Fahrzeugtechnik, Konstruktion u. technisches Zeichnen …) ▶ **Naturwissenschaften** (Biologie, Mathem., Pharmazie …)	Fachinformatiker/in, Softwareentwickler/in, Webdesigner/in, IT-Systemkaufmann/-frau, Elektroanlagenmonteur/in, Technische/r Zeichner/in f. Elektrotechnik, Informationselektroniker/in, Systemelektroniker/in, Elektroniker/in, Kraftfahrzeugmechatroniker/in, Bauzeichner/in, Technische/r Zeichner/in, Werkzeugmechaniker/in, Chemielaborant/in, Steuerfachangestellte/r

Vorlage

Fähigkeiten – Berufsfelder – Berufe

Erklärung	Berufsfelder	Beispielberufe
Merkfähigkeit		
Du kannst dir Informationen gut einprägen und sie bei Bedarf wiedergeben.	▶ **Dienstleistung** (Hotel- u. Gaststättengewerbe, Berufe in Uniform …) ▶ **Wirtschaft, Verwaltung** (Büro, Handel, Geld, Versicherungen, Rechnungswesen …) ▶ **IT, DV, Computer** (Hard- u. Softwareentwicklung, IT-Administration, IT-Kundenbetreuung …) ▶ **Kunst, Kultur, Gestaltung** (Bühne …) ▶ **Gesundheit** (Medizin, Therapie, Pflege, Psychologie …) ▶ **Soziales, Pädagogik** (Erziehung, Schule, Aus- u. Weiterbildung …)	Hotelfachmann/-frau, Restaurantfachmann/-frau, Hotelkaufmann/-frau, Beamte/r im Justizvollzugsdienst, Schutz- u. Sicherheitskraft, Bürokaufmann/-frau, Medizinische/r Fachangestellte/r, Rechtsanwaltsfachangestellte/r, Steuerfachangestellte/r, Fachinformatiker/in, Softwareentwickler/in, IT-Systemkaufmann/-frau, Schauspieler/in, Sänger/in, Croupier/Croupière, Lehrer/in
Auge-Hand-Koordination		
Du kannst manuelle, körperliche Tätigkeiten sicher und geschickt ausführen.	▶ **Bau, Architektur, Vermessung** (Hoch-/Tiefbau, Gebäudetechnik …) ▶ **Produktion, Fertigung** (Textilien, Farben u. Lacke, Holz, Kunststoff, Instrumentenbau …) ▶ **Elektro** (Gerätetechnik, Installationen, Informations- u. Kommunikationstechnik, Mechatronik …) ▶ **Technik, Technologiefelder** (Konstruktion u. techn. Zeichnen, Optik, Fahrzeug-/Verkehrstechnik …) ▶ **Metall, Maschinenbau** (Metallbau, Modellbau, Feinmechanik …) ▶ **Gesundheit** (Therapie, Pflege, Sport u. Bewegung …) ▶ **Dienstleistung** (Kosmetik, Körperpflege …) ▶ **Landwirtschaft, Natur, Umwelt** (Pflanzen …)	Architekt/in, Restaurator/in, Raumgestalter/in, Kachelofenbauer/in, Steinmetz/in, Manufakturporzellanmaler/in, Modenäher/in, Maßschneider/in, Designer/in, Bühnenmaler/in, Goldschmied/in, Graveur/in, Holzbildhauer/in, Keramiker/in, Elektroinstallateur/in, Elektroniker/in, Mechatroniker/in, Kraftfahrzeugmechatroniker/in, Technische/r Zeichner/in, Augenoptiker/in, Feinoptiker/in, Glasbläser/in, Glasveredler/in, Verfahrensmechaniker/in (Brillenoptik, Glastechnik), Uhrmacher/in, Goldschmied/in, Feinwerkmechaniker/in, Zerspanungsmechaniker/in, Fachkraft f. Veranstaltungstechnik, Friseur/in, Kosmetiker/in, Maskenbildner/in, Florist/in

Fähigkeiten – Berufsfelder – Berufe

Erklärung	Berufsfelder	Beispielberufe
Problemlösen		
Du kannst Probleme lösen, indem du über unterschiedliche Lösungswege nachdenkst und diese zusammenführst.	▶ **IT, DV, Computer** (Hard- u. Softwareentwicklung, IT-Administration, IT-Kundenbetreuung …) ▶ **Bau, Architektur, Vermessung** (Hoch-/Tiefbau, Gebäudetechnik …) ▶ **Elektro** (Gerätetechnik, Installationen, Informations- u. Kommunikationstechnik, Mechatronik …) ▶ **Technik, Technologiefelder** (Konstruktion u. techn. Zeichnen, Optik, Fahrzeug- u. Verkehrstechnik …) ▶ **Wirtschaft, Verwaltung** (Büro, Handel, Geld, Versicherungen, Rechnungswesen …) ▶ **Medien** (PR, Werbung, Film, Foto, Layout, Druck …) ▶ **Naturwissenschaften** (Chemie, Biologie, Mathematik, Pharmazie, Labor …)	Fachinformatiker/in, Softwareentwickler/in, Informatikkaufmann/-frau, Bauzeichner/in, Architekt, Restaurator/in, Gestalter/in Raumgestaltung, Ausbaufacharbeiter/in, Elektroinstallateur/in, Elektroniker/in, Mechatroniker/in, Kraftfahrzeugmechatroniker/in, Energie- u. Gebäudetechniker, Metallbauer/in, Werkzeugmechaniker/in, Kaufmann/-frau im Groß- u. Außenhandel, Immobilienkaufmann/-frau, Kaufmann/-frau f. Versicherungen u. Finanzen, Drucker/in, Mediengestalter/in, Layouter/in, Chemielaborant/in, Biologielaborant/in
Räumliches Vorstellungsvermögen		
Du kannst dich gedanklich im zwei- oder dreidimensionalen Raum orientieren und dir Räume und Körper innerlich vor Augen führen.	▶ **Bau, Architektur, Vermessung** (Hoch-/Tiefbau, Landschafts- u. Raumplanung, Vermessung u. Kartografie …) ▶ **Kunst, Kultur, Gestaltung** (Bühne, Design …) ▶ **Medien** (Film, Foto …) ▶ **Verkehr, Logistik** (Berufe um Auto, Flugzeug, Schiff …) ▶ **Produktion, Fertigung** (Farben u. Lacke, Holz, Keramik, Baustoffe, Natursteine, Glas …) ▶ **Landwirtschaft, Natur, Umwelt** (Pflanzen …)	Bauzeichner/in, Restaurator/in, Raumgestalter/in, Ausbaufacharbeiter/in, Zimmermann/-frau, Maurer/in, Kartograf/in, Vermessungstechniker/in, Designer/in, Bühnenmaler/in u. Bühnenplastiker/in, Mediengestalter/in, Fotograf/in, Berufskraftfahrer/in, Berufsflugzeugführer/in, Fluglotse/Fluglotsin, Binnenschiffer/in, Steinmetz/in, Drechsler/in, Raumausstatter/in, Tischler/in, Maurer/in, Fliesen-, Platten- u. Mosaikleger/in, Gärtner/in im Garten- u. Landschaftsbau

Vorlage

Fähigkeiten – Berufsfelder – Berufe

Erklärung	Berufsfelder	Beispielberufe
Mathematisches Denken		
Du kannst mit Zahlen problemlos umgehen, besitzt Kenntnisse der Grundrechenarten sowie darüber hinausgehende Rechenkenntnisse.	▶ **Naturwissenschaften** (Chemie, Biologie …) ▶ **Elektro** (Gerätetechnik, Installationen, Informations- u. Kommunikationstechnik, Mechatronik …) ▶ **Technik, Technologiefelder** (Konstruktion u. technisches Zeichnen, Fahrzeug- u. Verkehrstechnik, Luft- u. Raumfahrttechnik …) ▶ **Bau, Architektur, Vermessung** (Hoch-/Tiefbau, Vermessung u. Kartografie …) ▶ **Metall, Maschinenbau** (Metallbau, Modellbau, Feinmechanik u. Werkzeugbau, Zerspanungstechnik …) ▶ **Dienstleistung** (Hotel- u. Gaststättengewerbe …) ▶ **Wirtschaft, Verwaltung** (Büro, Handel, Geld, Versicherungen, Rechnungswesen, Steuern, Vertrieb u. Verkauf …)	Chemielaborant/in, Biologielaborant/in, Elektroniker/in, Mechatroniker/in, Kraftfahrzeugmechatroniker/in, Energie- u. Gebäudetechniker/in, Elektroanlagenmonteur/in, Informationselektroniker/in, IT-System-Elektroniker/in, Systeminformatiker/in, Bauzeichner/in, Technische/r Zeichner/in, Werkstoffprüfer/in, Feinoptiker/in, Mikrotechnologe/-technologin, Fluggerätemechaniker/in, Bauzeichner/in, Vermessungstechniker/in, Werkzeugmechaniker/in, Zerspanungsmechaniker/in, Mathematisch-technische/r Software-Entwickler/in, Restaurantfachmann/-frau, Hotelkaufmann/-frau, Kaufmann/-frau, Drogist/in, Forstwirt/in, Reiseverkehrskaufmann/-frau, Immobilienkaufmann/-frau, Bankaufmann/-frau, Kaufmann/-frau f. Versicherungen u. Finanzen
Mündliche Ausdrucksfähigkeit		
Du kannst flüssig und sprachlich richtig über unterschiedliche Themen sprechen.	▶ **Medien** (Film, Funk, Fernsehen, Journalismus …) ▶ **Wirtschaft, Verwaltung** (Büro, Handel, Geld, Versicherungen, Recht u. Verwaltung, Vertrieb u. Verkauf …) ▶ **Dienstleistung** (Hotel- u. Gaststättengewerbe, Tourismus …)	Fernsehmoderator/in, Hörfunkmoderator/in, Reiseverkehrskaufmann/-frau, Immobilienkaufmann/-frau, Kaufmann/-frau f. Versicherungen u. Finanzen, Kaufmann/-frau im Groß- u. Außenhandel, Kaufmann/-frau f. Dialogmarketing, Restaurantfachmann/-frau, Hotelkaufmann/-frau, Kaufmann/-frau f. Tourismus u. Freizeit, Sport- u. Fitnesskaufmann/-frau,

Fähigkeiten – Berufsfelder – Berufe

Erklärung	Berufsfelder	Beispielberufe
Sprachverständnis und Rechtschreibung		
Du kannst deine Gedanken sinnvoll und grammatikalisch richtig ausdrücken. Du beherrscht die deutsche Rechtschreibung.	▸ **Medien** (PR, Werbung, Verlag, Bibliothek u. Dokumentation, Journalismus, Redaktion …) ▸ **Wirtschaft, Verwaltung** (Büro, Handel, Versicherungen, Recht u. Verwaltung, Marketing …)	Journalist/in, Online-Redakteur/in, Lektor/in, PR-Manager/in, Medienkaufmann/-frau, Bürokaufmann/-frau, Kaufmann/-frau f. Marketingkommunikation, Fremdsprachenkorrespondent/in, Wirtschaftsassistent/in f. Büro/Sekretariat, Kommunikationsassistent/in, Notarfachangestellte/r
Technisches Verständnis		
Du kannst bei technischen Vorgängen den Zusammenhang zwischen Ursache und Wirkung herstellen.	▸ **Bau, Architektur, Vermessung** (Hoch-/Tiefbau, Gebäudetechnik …) ▸ **Produktion, Fertigung** (Bergbau, Arbeitsvorbereitung, Qualitätssicherung, Kunststoff …) ▸ **Elektro** (Energietechnik, Gerätetechnik, Installationen, Informations- u. Kommunikationstechnik, Mechatronik u. Automatisierungstechnik …) ▸ **Technik, Technologiefelder** (Konstruktion u. techn. Zeichnen, Fahrzeug- u. Verkehrstechnik, Biotechnologie, Luft- u. Raumfahrtstechnik, Mikrosystemtechnik, Werkstofftechnik, erneuerbare Energien …) ▸ **IT, DV, Computer** (Hard- u. Softwareentwicklung, IT-Kundenbetreuung …) ▸ **Metall, Maschinenbau** (Metallbau, Modellbau, Feinmechanik u. Werkzeugbau, Zerspanungstechnik, Maschinen- u. Anlagenbau …) ▸ **Verkehr, Logistik** (Berufe um Auto, Flugzeug, Eisenbahn, Schiff …) ▸ **Landwirtschaft, Natur, Umwelt** (Pflanzen, Tiere, Umwelt- u. Naturschutz …)	Bauzeichner/in, Zimmermeister/in, Architekt/in, Vermessungstechniker/in, Ausbaufacharbeiter/in, Anlagenmechaniker/in, Elektroniker/in, Mechatroniker/in Kältetechnik, Fachkraft f. Straßen u. Verkehrstechnik, Brunnenbauer/in, Spezialtiefbauer/in, Tiefbaufacharbeiter/in, Baugeräteführer/in, Beton- u. Stahlbetonbauer/in, Fassadenmonteur/in, Hochbaufacharbeiter/in, Wärme-, Kälte- u. Schallschutzisolierer/in, Bauten- u. Objektbeschichter/in, Fachinformatiker/in, Softwareentwickler/in, Informatikkaufmann/-frau, Werkzeugmechaniker/in, Zerspanungsmechaniker/in, Fertigungsmechaniker/in, Industriemechaniker/in, Konstruktionsmechaniker/in, Maschinenzusammensetzer/in, Technische/r Zeichner/in, Teilezurichter/in, Anlagenmechaniker/in, Metallbauer/in, Modellbauer/in, Büchsenmacher/in, Feinwerkmechaniker/in, Fräser/in, Kraftfahrzeugmechatroniker/in, Kraftfahrzeugservicemechaniker/in, Zweiradmechaniker/in, Fluggerätemechaniker/in, Leichtflugzeugbauer/in, Bootsbauer/in, Schiffsmechaniker/in, Umweltschutztechnische/r Assistent/in, Landwirt/in

Vorlage

Fähigkeiten – Berufsfelder – Berufe

Erklärung	Berufsfelder	Beispielberufe
Teamfähigkeit		
Du kannst bei Gruppenarbeiten deine Stärken und Fähigkeiten einbringen, mit den anderen kooperieren und damit einen wertvollen Beitrag zum Ziel der Gruppenarbeit leisten.	Die Fähigkeit, mit anderen Menschen zusammen zu arbeiten, ist in fast allen Berufsfeldern gefordert. Teams leisten mehr als „Einzelkämpfer".	
Kommunikationsfähigkeit		
Du kannst dich auf leicht verständliche Art und Weise mitteilen, deine eigenen Pläne und Sichtweisen so darstellen, dass andere Menschen sie verstehen und deine Meinungen überzeugend vorbringen.	In den meisten Berufen ist die Fähigkeit, anderen Menschen zuzuhören und sich ihnen mitzuteilen, unverzichtbar.	
Teamfähigkeit		
Du kannst bei Gruppenarbeiten deine Stärken und Fähigkeiten einbringen, mit den anderen kooperieren und damit einen wertvollen Beitrag zum Ziel der Gruppenarbeit leisten.	Die Fähigkeit, mit anderen Menschen zusammen zu arbeiten, ist in fast allen Berufsfeldern gefordert. Teams leisten mehr als „Einzelkämpfer".	

Fähigkeiten – Berufsfelder – Berufe

Erklärung	Berufsfelder	Beispielberufe
Teamfähigkeit		
Du kannst bei Gruppenarbeiten deine Stärken und Fähigkeiten einbringen, mit den anderen kooperieren und damit einen wertvollen Beitrag zum Ziel der Gruppenarbeit leisten.	Die Fähigkeit, mit anderen Menschen zusammen zu arbeiten, ist in fast allen Berufsfeldern gefordert. Teams leisten mehr als „Einzelkämpfer".	
Kommunikationsfähigkeit		
Du kannst dich auf leicht verständliche Art und Weise mitteilen, deine eigenen Pläne und Sichtweisen so darstellen, dass andere Menschen sie verstehen und deine Meinungen überzeugend vorbringen.	In den meisten Berufen ist die Fähigkeit, anderen Menschen zuzuhören und sich ihnen mitzuteilen, unverzichtbar.	
Empathiefähigkeit		
Du kannst dich in eine andere Person hineinversetzen und deren Gefühle erkennen und teilen. Dadurch wird dir das Handeln dieser Person klar. Genau zuhören und gut fragen machen einen wichtigen Teil von Empathie aus.	Besonders in Berufen aus dem Sozial- und Gesundheitsbereich, den pädagogischen Berufen, aber auch in vielen Bereichen der Dienstleistungsberufe gehört Empathiefähigkeit zu den unverzichtbaren Eigenschaften.	

Fähigkeiten – Berufsfelder – Berufe

Erklärung	Berufsfelder	Beispielberufe
Kritikfähigkeit		
Du bist offen für Kritik und neue Sichtweisen und kannst Fehler zugeben. Wenn du andere kritisierst, bemühst du dich, deren Gefühle nicht zu verletzen.	In vielen Berufen muss man Kritik aushalten. Denk an das Gastgewerbe. Wenn Kritik berechtigt ist, sollte man sie nützen und daraus lernen.	
Zuverlässigkeit		
Du hältst dich an Vereinbarungen, sodass sich andere auf dich verlassen können.	In jedem Beruf ist Verlässlichkeit wichtig. Es gibt sogar Berufe, in denen das Leben von Menschen davon abhängt, z.B. Arzt/Ärztin, Pilot/in, Schiffskapitän/in, Lokomotivführer/in, Busfahrer/in, Apotheker/in usw.	
Konfliktfähigkeit		
Meinungsverschiedenheiten weichst du nicht aus und bemühst dich, sie auf sachliche Art zu lösen. Du sagst deine Meinung, versuchst aber auch, andere zu verstehen.	Immer, wenn Menschen zusammen arbeiten, kann es zu Meinungsverschiedenheiten kommen. Diese müssen geklärt werden, damit eine erfolgreiche Weiterarbeit möglich ist. Sehr häufig tragen unterschiedliche Meinungen zu einer Problemlösung bei.	

Vorlage

Trainingstipps 1/5

Viele Fähigkeiten, mit denen du dich in der Stationenarbeit auseinandergesetzt hast, lassen sich systematisch trainieren. Gute Konzentration ist zum Beispiel eine Frage der Übung. Stelle dir mit Hilfe dieser Auswahl ein kleines Übungsprogramm zusammen, mit dem du an deinen persönlichen Schwachpunkten arbeiten kannst.

Bildliches Vorstellungsvermögen

Übung 1: Fantasiereisen
Reise in deiner Fantasie zu allen möglichen und unmöglichen Orten: in fremde Länder, zu fernen Sternen oder auch in andere Zeiten! Du kannst geführte Fantasiereisen machen – es gibt vielfältige Angebote auf CD – oder du denkst dir einfach selber etwas aus. Stelle dir auf deinen Reisen das, was du siehst und erlebst, so intensiv und plastisch wie möglich vor!

Übung 2: Visualisieren
Schließe die Augen und denke zum Beispiel an eine Rose. Kannst du die Blume sehen? Ihre samtigen Blätter? Die Tautropfen auf dem tiefen Rot? Visualisieren kannst du systematisch trainieren, indem du mit einfachen Bildern beginnst und diese dann immer komplexer werden lässt.

Geruchs- und Geschmacksinn

Übung 1: Mit Gewürzen experimentieren
Mit Gewürzen lässt sich wunderbar experimentieren. Du kannst zum Beispiel dasselbe Gericht mit verschiedenen Mengen eines Gewürzes oder auch verschiedenen Gewürzen zubereiten. Pellkartoffeln mit Quark sind für ein solches Experiment besonders geeignet. Ein besonders gemütlicher Rahmen für solche Experimente ist ein gemeinsamer Kochabend mit Freunden!

Übung 2: Mit verbundenen Augen essen
Wer mit verbunden Augen oder im Dunkeln isst, wird erstaunt feststellen, wie sich alle unsere Sinne darauf konzentrieren, was wir essen und was wir alles schmecken!

Übung 3: Riechspaziergang
Unternehme einmal einen Riechspaziergang in die Stadt oder in den Wald. Bleibe alle 100 Meter stehen, schließe die Augen und atme tief durch: Was gibt es hier zu riechen? Was hat sich verändert?

Hörwahrnehmung trainieren

Übung 1: Geräusche erraten
Schließe die Augen und lausche, was um dich herum geschieht, zum Beispiel im Bus oder im Park. Was hörst du? Und aus welcher Richtung kommen die Geräusche?

Übung 2: Musik hören und genießen
Akustisches Berieseln nutzt die Hörwahrnehmung eher ab, bewusstes Hinhören aber trainiert sie! Konzentriere dich zum Beispiel, wenn du Musik hörst, nur auf ein einziges Instrument.

Trainingstipps 2/5

Übung 4: Leise Radio hören
Drehe einmal bewusst dein Radio oder deinen Fernseher leiser und leiser. Bemühe dich, dennoch alles zu verstehen.

Konzentration trainieren

Übung 1: Eine Zeit lang schweigen und gar nichts tun
Diese Übung kannst du immer wieder zwischendurch machen. Richte deine Aufmerksamkeit zunächst für eine Minute, später auch länger, ausschließlich auf eine Sache, zum Beispiel ein Bild. Schweige und denke möglichst an nichts. Auf diese Weise lernst du, deine Aufmerksamkeit zu fokussieren und dich völlig auf eine Sache zu konzentrieren.

Übung 2: Buchstaben finden
Nimm einen Artikel aus einer Zeitschrift oder einer Zeitung. Suche nun auf Zeit zum Beispiel alle „n" oder alle „a" aus dem Text und zähle diese. Für den Anfang kannst du dafür einen Stift nehmen und die Buchstaben mit einem Punkt markieren. Später solltest du es nur mit den Augen versuchen. Steigere allmählich sowohl die Zeit als auch die Anzahl der zu suchenden Buchstaben.

Übung 3: Sudoku spielen
Spiele öfter mal Sudoku. Besonders, wenn du dich an den Versionen für Fortgeschrittene versuchst, musst du dich ganz schön konzentrieren, um das Logikrätsel zu lösen!

Kreativität trainieren

Übung 1: Basteln
Basteln ist nur was für kleine Kinder? Keineswegs! Schaue am besten einmal im Internet in die diversen Bastelforen oder leihe dir in der Bibliothek Bastelbücher aus. Du wirst staunen, was man alles für schöne und verrückte Sachen basteln kann. Vor allem die Vielfalt der Materialien und Techniken ist beeindruckend. Und man muss wirklich nicht für alles eine Begabung mitbringen.

Übung 2: Bauen
Wann hast du das letzte Mal etwas gebaut? Überlege doch einmal, womit du gleich loslegen könntest: Ein neues Regal? Eine Sitzbank? Ein Vogelhäuschen? Vieles sieht schwieriger aus, als es ist!

Übung 3: Bücher lesen
Lesen bildet nicht nur, das Lesen fördert auch die Kreativität. Bücher lesen heißt, sich mit den Gedanken anderer zu befassen, die einen mit auf eine Reise durch ihre Welt nehmen. Und ganz nebenbei fördert Lesen auch deine mündliche und schriftliche Ausdrucksfähigkeit!

Übung 4: Fotografieren
Bei allen möglichen Gelegenheiten wird heute fotografiert: bei gemeinsamen Unternehmungen mit Freunden, bei Partys, im Urlaub … Das Fotografieren kannst du aber auch deutlich kreativer gestalten, zum Beispiel indem du dir besondere Motive aussuchst, Serien fotografierst oder die Bilder mit einem Bildbearbeitungsprogramm künstlerisch überarbeitest. Vielleicht besitzt du ja eine eigene Digitalkamera oder kannst sie von deinen Eltern ausleihen!

Vorlage

Trainingstipps 3/5

Übung 5: Malen
Malen und Zeichnen sind klassisch kreative Tätigkeiten. Male einfach einmal drauflos. Viel wichtiger als das Ergebnis ist, dass du Freude an Formen und Farben hast.

Übung 6: Musizieren
Musik ist eine der schönsten kreativen Ausdrucksmöglichkeiten. Vielleicht möchtest du ja noch ein Instrument erlernen oder verschüttete Kenntnisse wieder auffrischen? Oder du lädst deine Freunde zu einer kreativen Musikrunde ein, in der alles Mögliche als „Instrument" genutzt werden kann: Küchengeräte, Spielzeug, Möbel.

Übung 6: Neurobics
Unter Neurobics versteht man kleine Übungen, die darin bestehen, etwas anders zu machen als sonst. Also zum Beispiel die Zähne einmal mit der anderen Hand zu putzen, sich in einer ungewohnten Reihenfolge anzuziehen oder andere Wege als die gewohnten zur Schule oder zu Freunden zu gehen. Wann immer du etwas anders als gewohnt machst, regst du damit die Entstehung neuer Nervenbahnen in deinem Gehirn an.

Logisches Denken trainieren

Übung 1: Denksportaufgaben
Denksportaufgaben trainieren die grauen Zellen, was sich auch positiv auf die Kreativität auswirkt! Es gibt spezielle Bücher und Magazine, die Gehirnjogging-Aufgaben anbieten. Aber auch in vielen Zeitschriften oder auf Webseiten findest du viele Denksportaufgaben.

Übung 2: Geheimschrift entwickeln
Versuche doch einmal, eine eigene Geheimschrift zu entwickeln, die einem logischen Prinzip folgt, und lege sie Freunden zum Enträtseln vor.

Übung 3: Logikrätsel
Rätselraten macht Spaß, fördert die Konzentration und das logische Verständnis. Ein besonders beliebtes Logikrätsel ist Sudoku. Vielleicht hast du ja Lust, dich daran einmal zu probieren!

Merkfähigkeit trainieren

Übung 1: Einkaufsliste merken
Wenn du dir Dinge merken willst, ohne einen Zettel zu benutzen, musst du dir einen mentalen Briefkasten im Kopf einrichten und die Einkaufswaren gedanklich auf deinem Körper ablegen. Fange unten mit den Zehen an. Wenn du dir Eier kaufen willst, dann stell dir vor, dass beim Hineinschlüpfen in die Schuhe die Eier zerbrechen könnten. So kannst du dir nun merken, dass die Eier das Erste sind, was du kaufen möchtest. Willst du Mehl kaufen, dann lege es zum Beispiel auf deinen Oberschenkeln ab. Klopfe dir dabei noch einmal auf die Oberschenkel und stelle dir vor, wie das Mehl zerstäubt. So kannst du dir gedanklich an deinem Körper Briefkästen einrichten, die Einkaufswaren darin ablegen und beim Einkauf im Supermarkt darauf zurückgreifen.

Übung 2: Namen merken
Gewöhne dir an, deinen Gesprächspartner immer wieder mit Namen anzusprechen. Zum einen wird das von deinem Gegenüber meist sehr geschätzt und zum anderen bleibt dir der Name dadurch besser im Gedächtnis

Trainingstipps 4/5

haften. Oder verbinde die Namen mit Bildern, wie beispielsweise Gärtner, Müller, Schmid, Bayer, Rau. Du kannst dir aber auch einen Reim auf den Namen machen: Frau Koller fährt Roller, Herr Huber spielt Tuba.

Übung 3: Memory® spielen
Spiele öfter mal Memory®! Der Klassiker unter den Spielen fördert besonders deine Merkfähigkeit und macht dazu auch noch Spaß!

Motorik trainieren

Übung 1: Geschicklichkeitsspiele
Es gibt viele Spiele, mit denen du die Geschicklichkeit deiner Hände trainieren kannst. Spiele zum Beispiel mit deinen Freunden Mikado oder Jenga. Oder baue aus Spielkarten Häuser und Türme, denn dafür brauchst du eine besonders ruhige Hand! Auch für Puzzles brauchst du ein gutes Auge und geschickte Finger, vor allem wenn du kleine Teile verwendest.

Übung 2: Jonglieren
Über das Jonglieren mit Bällen kannst du deine Augenbeweglichkeit, deine Reaktionsfähigkeit und deine handmotorische Geschicklichkeit trainieren. Alles, was du zum Jonglieren brauchst, ist Begeisterung und etwas Geduld!

Problemlösen trainieren

Übung 1: Strategiespiele
Strategiespiele, wie zum Beispiel „Die Siedler von Catan", fördern besonders deine Problemlösefähigkeit.

Übung 2: Informationen sammeln
Wer Problemlösungen entwickeln will, muss meist schon allerhand wissen, um hier wirklich voranzukommen. Gut informierte Menschen tun sich auch leichter damit, Verknüpfungen zu erstellen und Zusammenhänge zu verstehen. Entwickle dein ganz persönliches Informationsverarbeitungssystem, angefangen von der Recherche bis hin zur Archivierung.

Räumliches Vorstellungsvermögen trainieren

Übung 1: Mentale Routenpläne entwickeln
Wenn du mit jemandem im Auto mitfährst und die Strecke bereits kennst, dann schließe die Augen und vollziehe die Fahrt im Gedächtnis nach! Teile dem Fahrer von Zeit zu mit, wo ihr euch gerade befindet!

Übung 2: Zeichnen
Stelle einen einfachen Gegenstand, wie zum Beispiel eine Tasse, eine Digitalkamera oder ein Buch vor dich hin und zeichne ihn von vorne, von hinten, von rechts, von links und von oben. Dabei darfst du allerdings weder deine Sitzposition noch die Lage des Gegenstandes verändern!

Mündliche Ausdrucksfähigkeit

Übung 1: Tabu spielen
Spiele öfter mal mit deinen Freunden Tabu. Dieser Klassiker fördert besonders deine Sprachfertigkeit und garantiert lustige Spielabende.

Vorlage

Trainingstipps 5/5

Übung 2: Frei sprechen
Nutze jede Gelegenheit, um frei vor anderen zu sprechen. Halte zum Beispiel Referate in der Schule oder eine kleine Rede auf einer Familienfeier.

Technisches Verständnis trainieren

Übung 1: Selbst Dinge reparieren
Versuche herauszufinden, welche Technik hinter Geräten im Haushalt, wie zum Beispiel Wasserhähnen, Abflüssen oder Gasdruckfedern steckt, und führe kleinere Reparaturen selbst durch.

Übung 2: Mit Baukästen experimentieren
Technische Baukästen regen dazu an, Dingen auf den Grund zu gehen und Funktionsweisen zu erforschen, und trainieren damit insbesondere das technische Verständnis.

Kommunikationsfähigkeit trainieren

Übung: Ins Gespräch kommen
Eine gute Möglichkeit, souveräner und sicherer im Umgang mit Mitmenschen zu werden, bieten einfache Alltagssituationen: Grüße zum Beispiel deine Nachbarn, wenn du ihnen begegnest, oder wünsche der Verkäuferin in der Bäckerei einen „Guten Morgen". Dadurch oder mit einem weiteren Satz zum Wetter oder dem gestrigen Sportereignis ergibt sich oft der Einstieg zu einem Gespräch. Mit dieser kleinen Übung trainierst du die eigene Kommunikationsfähigkeit und wirst im Kontakt mit fremden Menschen freier und selbstbewusster.

Empathie trainieren

Übung: Gefühle und Gedanken wiedergeben
Beim nächsten Streitgespräch mit einem Freund, einem Eltern- oder Geschwisterteil unterbreche die Diskussion einen Augenblick und führe die folgende Regel ein: Jeder darf erst dann seine Meinung sagen, nachdem er die Idee und Gefühle seines Gesprächspartners korrekt wiedergegeben hat. Ob die Beschreibung zum entsprechenden Gefühl passt – oder eine Idee verstanden wurde – entscheidet immer das Gegenüber. Durch diese Übung stellst du sicher, dass sich jeder erst in die Gedanken und Gefühle des anderen versetzen muss, ehe er seine eigenen schildert.

Literaturtipps

Literatur

Deutsches Institut für Erwachsenenbildung u.a. (Hrsg.):
ProfilPASS für junge Menschen.
Bertelsmann Verlag, 2007. ISBN 978-3-7639-3519-2

Selka, Reinhard; Bergmann, Manfred:
Berufsstart für Hauptschüler: 50 Berufe, 50 Chancen.
Bertelsmann Verlag, 2008. ISBN 978-3-7639-3615-1

Diedisch, Frank:
Schlüsselqualifikationen trainieren. 7.–10. Jahrgangsstufe.
PB Verlag, 2002. ISBN 978-3-89291-540-9

Gulder, Angelika:
Finde den Job, der dich glücklich macht:
Von der Berufung zum Beruf.
Campus Verlag, 2007. ISBN 978-3-593-38390-3

Hesse, Jürgen:
Was steckt wirklich in mir? Der Potenzialanalyse-Test.
Eichborn Verlag, 2006. ISBN 978-3-8218-3872-4

Glaubitz, Uta:
Der Job, der zu mir passt.
Das eigene Berufsziel entdecken und erreichen.
Campus Verlag, 2003. ISBN 978-3-593-37219-8

Hoffmann, Monika:
after school.
Berufswahl: Wer bin ich? Was kann ich? Was will ich?
BW Verlag 2006. ISBN 978-3-8214-7658-2

Selka, Reinhard; Bergmann, Manfred:
Berufsstart für Abiturienten: 51 Berufe mit Zukunft.
Bertelsmann Verlag, 2008. ISBN 978-3-7639-3617-5

Krelhaus, Lisa:
Wer bin ich – wer will ich sein?
Ein Arbeitsbuch zur Selbstanalyse und Zukunftsgestaltung.
mvg Verlag, 2006. ISBN 978-3-636-07151-4

Linktipps

Links*

http://lernwelt.workshop-zukunft.de
Virtuelle Lernwelt zur Berufsorientierung für Jugendliche.

www.machs-richtig.de
Internetportal der Bundesagentur für Arbeit zur Berufswahl
mit vielen Materialien für Jugendliche, Eltern und Lehrkräfte.

www.jugend-und-bildung.de
Internetportal für politische, soziale und ökonomische Bildung
mit zahlreichen Materialien zur Berufsorientierung.

http://berufenet.arbeitsagentur.de
Umfassendes Netzwerk für Berufe von A–Z.

www.schule-beruf.de
Internetportal für Jugendliche, das über Berufswahl,
Berufe und Arbeitswelt informiert.

www.ausbildungspakt-berufsorientierung.de
Handlungsleitfaden für Lehrkräfte zur Stärkung von
Berufsorientierung und Ausbildungsreife.

www.jugend-und-ausbildung.de
Informationsportal für Jugendliche mit vielen Materialien
zu Berufsorientierung und -vorbereitung.

www.joblab.de
Multimedia-Planspiel zur Berufsfindung und Studienwahl.

** Die in diesem Werk angegebenen Internetadressen haben wir geprüft
(Stand: Juli 2009). Da sich Internetadressen und deren Inhalte schnell verändern können, ist nicht auszuschließen, dass unter einer Adresse
inzwischen ein ganz anderer Inhalt angeboten wird. Wir können daher
für die angegebenen Internetseiten keine Verantwortung übernehmen.*

Verlag an der Ruhr

Alexanderstraße 54
45472 Mülheim an der Ruhr

Telefon 05 21 / 97 19 330
Fax 05 21 / 97 19 137

bestellung@cvk.de
www.verlagruhr.de

Es gelten die Preise auf unserer Internetseite.

■ **Berufswahl: Das will ich – das kann ich – das mach ich**
Lebensplanung spielerisch ausprobieren
Peter H. Ebner, Sabine Fritz
12–21 J., 158 S., A4, Paperback
ISBN 978-3-8346-0026-4
Best.-Nr. 60026
21,50 € (D)/22,10 € (A)/37,70 CHF

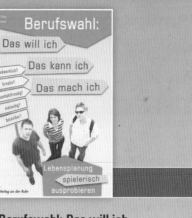

■ **Selbstvertrauen und soziale Kompetenz**
Übungen, Aktivitäten und Spiele für Kids ab 10
Terri Akin
10–16 J., 206 S., A4, Paperback
ISBN 978-3-86072-552-8
Best.-Nr. 2552
23,– € (D)/23,65 € (A)/40,30 CHF

■ **Textverständnis trainieren**
Die Bewerbung
Gustavo Korsch
Kl. 8–10, 67 S., A4, Papphefter
ISBN 978-3-8346-0069-1
Best.-Nr. 60069
19,– € (D)/19,50 € (A)/33,30 CHF

■ **Den richtigen Umgang mit Geld lernen**
Ein Arbeitsbuch für Schule und Jugendarbeit
Luisa Braungardt
12–19 J., 117 S., A4, Paperback
ISBN 978-3-8346-0330-2
Best.-Nr. 60330
20,50 € (D)/21,10 € (A)/35,90 CHF

■ **Respekt, Respekt! – Höflichkeit und gutes Benehmen**
Eine Lern-, Diskussions- und Arbeitsmappe
Nicole Wagner
Kl. 8–10, 84 S., A4, Papphefter
ISBN 978-3-86072-662-4
Best.-Nr. 2662
19,80 € (D)/20,35 € (A)/34,70 CHF

■ **Portfoliomappe Selbstdisziplin**
Rob Kerr
10–16 J., 116 S., A4, Paperback
ISBN 978-3-8346-0341-8
Best.-Nr. 60341
19,50 € (D)/20,– € (A)/34,20 CHF

■ **Das seh ich' aber ganz anders!**
Geschichten aus zwei Perspektiven: Den eigenen Urteilen auf die Schliche kommen
Lars Collmar
Kl. 7–10, 100 S., A4, Paperback
ISBN 978-3-8346-0164-3
Best.-Nr. 60164
19,80 € (D)/20,35 € (A)/34,70 CHF

■ **Die schönen Blödmacher – Was man über Drogen wissen muss**
Ein Lese- und Arbeitsbuch für Jugendliche und Erwachsene
Trevor Grice, Tom Scott
14–99 J., 179 S., 16 x 23 cm, Pb. + AB's als Download
ISBN 978-3-8346-0230-5
Best.-Nr. 60230
17,50 € (D)/18,– € (A)/30,70 CHF

Lebensplanung • Selbsteinschätzung • Berufsvorbereitung